本专著得到教育部人文社会基金项目资助
项目名称：中学生学业压力易感性及其与适应不良的关系研究
项目编号：13YJA190003

中学生学业压力易感性问题研究

陈建文◎著

ZHONGXUESHENG XUEYE YALI
YIGANXING WENTI YANJIU

世界图书出版公司
广州·上海·北京·西安

图书在版编目（CIP）数据

中学生学业压力易感性问题研究 / 陈建文著 .— 广州：世界图书出版广东有限公司，2019.9
ISBN 978-7-5192-6808-4

Ⅰ . ①中… Ⅱ . ①陈… Ⅲ . ①中学生—心理健康—健康教育—研究 Ⅳ . ① G444

中国版本图书馆 CIP 数据核字（2019）第 203896 号

书　　名	中学生学业压力易感性问题研究 ZHONGXUESHENG XUEYE YALI YIGANXING WENTI YANJIU
著　　者	陈建文
责任编辑	冯彦庄
封面设计	汤　丽
出版发行	世界图书出版广东有限公司
地　　址	广州市新港西路大江冲 25 号
邮　　编	510300
电　　话	（020）84452177
网　　址	http://www.gdst.com.cn
邮　　箱	wpc_gdst@163.com
经　　销	新华书店
印　　刷	广州市迪桦彩印有限公司
规　　格	787mm × 1092mm　1/16
印　　张	13
字　　数	185 千字
版　　次	2019 年 9 月第 1 版　2019 年 9 月第 1 次印刷
国际书号	ISBN 978-7-5192-6808-4
定　　价	65.00 元

序　言

本书来源基于本人以下两个方面的关注：首先是人格研究前沿的关注。本人一直以来从事人格心理学研究，关注人格心理学前沿研究动向。我们认为，人格结构的“大厦”已经搭建，人格研究逐渐转向人格功能的研究。当然，人格的功能是与人格的结构紧密联系的，个体人格结构的特性也会影响到其人格功能的发挥。不过，人格的具体适应功能是与人格的具体要素紧密联系的，不同的人格要素发挥不同的人格适应功能。因此，人格功能的研究实际上就是具体人格要素的独特人格功能研究。有诸多研究者的研究发现，易感性就是这样一种特殊的人格要素，具有独特的适应功能（适应不良功能），在压力情境下，易感性人格容易导致个体的身心症状，甚至出现身心疾病。其次是对中学生学业压力的关注。在当前应试教育背景下，非常普遍而严重的中学生学业压力是不争的事实。学校的任务、教师的要求、家长的期望、社会的舆论，以及自身的攀比都会使中学生时时刻刻处于学业压力之中。毫无疑问，适当的压力可以转换成中学生的学习动力，促进中学生的学业发展。但是，来自中学生的调查，以及时而发生的中学生学业危机事件都明确地显示，中学生学业压力成为中学生健康成长和发展的障碍，甚至成为部分中学生身心崩溃的重要因素。于是，中学生学业压力问题及其可能导致的严重后果也引起教育界及其社会有识之士的广泛关注。

同时，我们也注意到这样一种现象：面对同样巨大的学业压力事件，并非所有的中学生都会出现适应不良和心理问题。有些学生可以在学业压力事件中挺过来，并且成长得更好；而有些学生则被学业压力事件所折磨，最后导致严重的适应不良，甚至出现身心疾病。毫无疑问，这与个体自身的心理因素有关。非常有名的“易感性—压力模型”认为，外在压力事件和自身的易感性人格因素的交互作用导致了某些个体的身心问题。对中学生来说，是中学生的学业压力事件与中学生自身的易感性因素的交互作用导致了适应不良、身心问题和发展障碍。在这里，根据人格的五因素理论，个体的易感性人格因素并非完全是先天基因赋予的固定人格因素，而是遗传性人格特质和外在的环境要求交互作用而形成的适应性特征，是遗传性人格特质的表现型，我们称之为压力易感性。那么，中学生针对学业压力的易感性因素就是其遗传性人格特质与外在的学业压力事件交互作用而形成的适应不良特征，我们称之为中学生学业压力易感性。

本书试图从“学业压力易感性的结构及其测量”“学业压力易感性形成的心理机制”“学业压力、学业压力易感性与适应不良的关系”三个方面探讨中学生学业压力易感性的概念和结构、功能和作用以及影响因素等问题。本课题成书的过程并不长，但是从2013年课题立项至今的5年多时间里，却经历比较长的研究过程。其间，由于研究经费的短缺、研究团队人员的变动，也由于本人教学任务繁重，投入的精力有限和科研能力的不足，以及其他无法估量的人为因素，课题的研究过程也遭遇了诸多波折。

本书最终能够完成，是在本人的指导下，多个团队成员共同努力的结果。本书的撰写由本人独立完成，其中许多具体的研究工作（包括文献资料的收集整理、子课题的调查研究等）得到了我的硕士研究生的大力协助，他们是袁娅婷、田杰、姚逸斌、王亚可、张伟楠、李静雯。在此对他们辛勤的劳动付出和卓越的科研工作表示衷心的感谢！

陈建文

2018 年 9 月 3 日

目　录

第一章　绪论

2015年11月，“阿凡题”发布了基于两千万中小学生的《学习压力调查》报告：我国学生平均每天写作业所要花费的时间是全球均数的两倍，每天睡眠时间却减少了90分钟。在做作业到深夜11点的学生中，初中生比例高达46%。新东方优能中学《2014中国基础教育白皮书》调查显示，当前我国中学生的压力普遍存在，绝大部分中学生能感受到学习上的压力，其中50%以上的学生表示学习压力较大。《2013年全国中小学生自杀问题调查》认为，中小学生的自杀并不是单纯的心理脆弱，而是高度的学习压力导致的普遍的心理崩溃。

2017年，新华社对北京、上海、兰州、成都、广州五个城市的2500名中小学生调查发现，由于在校时间长和来自父母期望带来的压力，中小学生普遍认为没时间玩，不开心。2007年，《中国日报》报道显示，我国学生的在校平均时间为8.6小时以上，甚至有些学生在教室里学习的时间长达12小时，大多数孩子在校时间都长于其父母上班的时间。中学生学业压力加大已经成为一个不争的事实。

第一节　中学生的学业压力问题

课程学习是中学生的主导性任务，学业压力也成为中学生最主要的压力来源。当前的实际状况是，大学生就业压力的前移、父母期望压力的下移、学校和教师应试教育压力的转移三者累积造成中学生面临空前的学业压力。在中学生的日常生活压力中，至少有 50% 的压力来自学业方面（俞国良，2001）。通常大家都会认为，压力是一把双刃剑。适度的学业压力有助于学业进步和个人成长，但过度的学业压力则可能导致适应不良问题。接下来的问题就是，学业是怎样构成一把压力的双刃剑的呢？压力在什么机制下表现为一把双刃剑呢？下面我们试图深入探讨这些理论问题。

首先，关于学习，学习是人类本身的基本需要。刚出生的孩子都有天生的好奇心，在好奇心的驱使下，他们会自然而然地去探索外在的世界，获取关于外在世界的信息和知识，建构关于外在世界的观念和态度。因此，在儿童的成长过程中，知识学习自然而然成为其主导性的活动。他们也会在学习过程中获得各种心理需要的满足，包括好奇心、自信心和控制感等基本心理需要的满足，同时也会增长自己与外在交流、沟通和互动的能力，从而使自己更容易与外在世界和谐相处，从而有利于维护自身的生存、成长和发展。从这个意义上讲，学习作为儿童发展的主导性活动，其意义始终是正面的、积极的、健康的。学习与压力似乎没有太多的关系。

其次，关于压力，压力本质上是个体与外在环境的相互关系。个体必须依赖外在环境而生存，儿童的成长和发展更是如此，他们必须充分地、全面地、深入地与外在环境发生各种形式的交互作用，才能使自身获得成长和发展的条件和机会。而当外在环境并非完全是以直接满足个体当前需要的方式与其发生交互作用时，或者甚至外在环境并非总是以一种恰好满足个体成长和发展需要的方式与其发生交互作用时，那么外在环境或者外来的刺激就可能构成对个体来说不合意的事物，这也许是压力最一般意义上的含义。不过，即使是这样，压力对个体以及个体的成长来说并非是消极的、不利的。

从更广泛的意义上讲，个体的成长和发展与人类的进化发展是有某种关联的。尽管美国心理学家霍尔的复演说一直备受争议，不过近年来发展起来的生活史理论可以同时解释种族发展史和个体成长史的过程及其规律，也使我们看到人类进化史和个体发生史的某种关联（陈建文，2018）。从进化的角度看，基于生存和繁衍的生命动能，人类的进化发展过程表现为，那些有利于帮助解决人类面临外在环境的适应性问题，有利于人类自身的生存和繁衍的机体性状特征被不断地筛选出来，通过基因的方式不断遗传下去，从而成为整个种群的普遍的机体性状特征。在这个过程中，人类自身对环境的适应是一个动态变化的过程，即人类自身的较优性状特征与环境匹配，表现为对环境的适应是一个动态的、变化的过程。对人类成员来说，他们所面临的适应环境（包括自然环境以及人类成员集群所构成的社会环境）也是处于变化和发展中的，那么，人类进化了的适应能力（适应性的性状特征）与进化适应环境的匹配也是暂时的。一旦环境发生变化，那么先前的进化匹配状况又会演变成进化的不匹配状态。于是，新一轮的自然选择又会发生，其实也是人类进化乃至生物进化的根本动力。而进化环境的变化导致人类自身适应能力与环境的不匹配，这对人类成员来说就构成了生存和繁衍的适应压力，这也是所谓的进化论的选择压力（selective pressure）。环境变化对人类自身既有适应能力构成的选择压力是人类进化的根本动力（巴斯，2015）。

这种选择压力在个体成长史上也有类似的含义。幼儿来到这个世界以后，就会与这个世界发生各种形式的交互作用，交互作用通常会表现为外在环境对个体的要求，以及对个体行为的选择来塑造儿童的行为模式，即通过斯金纳所说的强化来塑造个体的行为模式，从而获得对外在环境的适应能力。个体基于自身的需要会有各种自主的行为，斯金纳称之为操作性行为。那些符合外在环境要求，从而得到外在环境积极反馈的行为（交互作用的方式）就会被保留下来，渐渐成为个体在特定情境下固定的行为反应模式，这就是斯金纳所说的强化。通过强化塑造的行为模式是个体适应环境的能力成分。但是，在成长过程中，个体并非面对始终如一的单一的稳定环境，相反，个体面临的成长环境是不断变化的。那么，一旦环境发生变化，那么既已形成的行为模式就变得与新异的环境不匹配了，个体对环境的不适应就发生了。压力也就产生了。这也是所谓的个体成长意义上的选择压力。这种选择压力也是个体成长的根本动力。这种选择压力促使个体进一步学习，获得与环境互动的新的行为方式，重新达成与环境的动态平衡关系。皮亚杰的适应理论比较充分地揭示了这一层含义。很显然，这里的压力，当然也包括学习压力，并不是坏事，而是积极的、正面的，有利于个体成长的功能。

以上是对学习、压力与个体成长的关系的一个基本层面的分析。那么，关照当代现实环境中的中学生学习，学业又是如何构成中学生的压力，而压力又是如何妨碍学生的健康和成长呢?

基于前面的分析，刚出生的幼儿是具有一定的学习能力的，其学习也是基于某种天生的学习动机的。不过，先天而来的学习能力和学习动机是指向某些特定领域和特定内容的。进化教育心理学（Geary，2012）认为，儿童天生就拥有学习朴素知识（folk knowledge）的能力和动机（即初级能力，primary ability），这些能力和动机有利于儿童解决生存和发展过程中的适应性问题。朴素知识至少包括三个领域：朴素心理学（folk psychology）、朴素生物学（folk biology）和朴素物理学（folk physics），譬如，人际识别和沟通、食物资源的有用性和有害性的识别、生存活动空间的辨别和寻找等知识。但是儿童没有自动地形成学习人类文明社会以来创造的学术性知识的能力和动机（即次级能力，secondary ability）。所谓次级能力就是学习学术知识的能力，而学术知识就是人类文明社会外在生成性地创造出的文字、数学、科学、法律、道德等知识。不言而喻，当前的学校教育旨在使学生获得学术知识，习得获得学术知识的能力，从而使其适应现代文明社会。因此，学生先天拥有的学习朴素知识的能力和动机与学校教育要求的学习学术知识的能力和动机之前存在必然的矛盾和冲突。对学生来说，来自学校、老师和家长的这种外在的教育要求就是不合意的，这是构成学生学业压力的根本来源。

在学校产生以后，学校教育目的和教师的职能就是试图解决这种矛盾与冲突，帮助儿童在初级能力的基础上获得次级能力，即获得学习和创造学术性知识的能力，从而成功地适应现代文明社会。因此，学校教育和教师的职能至少应该比较完整地体现在以下几个方面：① 教师应该清醒地认识到学生起初不具备学术知识的独立性学习心理机制（包括能力和动机偏好）。譬如儿童学习游戏的兴趣和能力天生就比学习文字符号的兴趣和能力要强得多。② 教师应该激发和保护不是抑制和削弱学生的朴素的心理能力和动机偏好，因为它们是儿童学习学术知识的先天心理基础。③ 教师和学校应该积极主动地营造有利于儿童朴素知识学习的社会群体环境和社会生态环境（包括学校环境、课堂环境、师生互动情境）。④ 教师应该主动发现学术知识和相应的朴素知识之间的内外在联系，将学术知识的学习嫁接在朴素知识的学习机制上，从而引导学生生成学术知识的学习机制。⑤ 教师也应该主动发现学术知识与相应的朴素知识的内外在联系，将学术知识学习与朴素知识学习结合起来，使儿童在学习朴素知识的动机偏好的基础上生成学习学术知识的动机趋向，包括成就动机、自我效能、价值观、个人意志等积极动机品质的培养。⑥ 教师应该在充分认识特定知识的朴素性和学术性的内在逻辑联系基础上，注重学生学术知识学习心理机制（包括能力和动机）的培养，而不是片面强调学术知识本身的灌输。⑦ 教师必需建构起朴素知识和学术知识相互嫁接、相互转化的知识传授能力。

但是，实际上，学校教育和教师偏离这种基本教育职能的现象是非常普遍的。譬如，灌输式的课堂教学显然不是基于学生已有的初级能力和动机偏好基础上的，机械式的记忆学习也不是试图将学术知识嫁接在朴素知识的学习机制基础上的，在学生之间进行武断的横向比较的教学评价方式也无益于学生成就动机、自我效能、价值观、个人意志等积极动机品质的培养。因此，不恰当的学校教育和课堂教学也是学生学业压力的基础性来源。

而学业压力又如何成为妨碍学生健康成长的重要因素呢？基于前面的分析，来自外在环境的选择压力可以构成学生成长和发展的动力，成为其学习新知识的动能。基于进化教育心理学原理，学生先天拥有的学习朴素知识的能力和动机与学校教育要求的学习学术知识的能力和动机之间存在必然的矛盾和冲突，这些矛盾和冲突对学生来说构成压力，这种压力可能是学生成长和发展的动力。偏离进化教育心理学基本原理而导致的不恰当的学校教育和教师教学行为所构成的学业压力可能就是妨碍学生健康成长的消极压力因素了。针对中学生来说，学业压力如何妨碍其健康成长？下面我们先分析中学生学业压力的性质和来源，然后详细分析中学生学业压力是如何妨碍其健康成长的。

第二节　中学生学业压力的性质和来源

前面我们主要从进化观角度分析学业、压力与成长之间的关系。不过，学业压力作为一种中学生切身感受到的身心状态，其性质特征和来源因素也受到学界的广泛关注。

一、学业压力的性质

首先关于压力的概念和性质，学界多有关注和探讨。压力概念的提出最初来源于物理学领域，意指作用在单位面积上垂直的力。19 世纪初，压力概念才被引入生理学、心理学等学科领域。压力概念在不同的学科领域具有不同的意义。在社会学中，压力最初被看成是人与环境的冲突或失衡，并以疏离、异化概念表述，社会情境中的压力因个体与其社会地位的失调而产生（Bolger& Zuckerman，1995）；在生理学中，Cannon 和 Selye 等首先对压力的生理病理反应做出了开创性研究。Cannon（1932）提出，压力是外界作用下体内平衡的破坏。Selye（1970）则认为，压力是对任何形式的伤害性刺激所产生的生理反应，即“一般性适应综合征”（general adaptation syndrome）。Rice（1992）对 Selye 的“一般性适应综合征”作出进一步解释：人的生理维持着一个具有先天驱动力的内稳态，人体非特异性生理唤醒能对侵入的压力源作出防御性反应。一旦先天驱动力供能不足，稳态被打破，有机体将失去应付持续压力源的能力。

在心理学中，压力一般被认为是无法承受的、超越自身应对资源的、伤害健康的过度负荷。心理学家们从不同层面对压力进行了研究，提出种种理论，代表性的有心理动力学模型、刺激反应模型、关系模型（陈旭，2004）。在心理动力模型中，弗洛伊德认为，压力作为一种身心紧张状态，主要表现为信号焦虑和创伤性焦虑两种类型。当外部客观的危险发生时就会出现信号焦虑，这类似于压力源与紧张（危险与焦虑）之间的关系。创伤性焦虑则来自于个体内部的本能。刺激反应模型把压力被定义为能够引起个体紧张反应的环境刺激、内驱力刺激和神经特质方面的刺激。该模型往往把压力看成自变量，并重点分析什么样的环境刺激可使人产生紧张反应，例如，压力是产生行为变化的有害的、极端的、非常态的威胁性刺激。关系模型则认为，压力既不是刺激，也不是反应，而是个体与环境的一种特殊的关系，即个体认为他拥有的资源不能满足他应对环境要求和挑战的需要，于是可能对其健康产生威胁（Lazarus，1991）。该模型强调个体对环境要求和挑战的认知评价，也强调对自身资源的感知和评价，总之强调对个人与环境之间不断的、相互作用性质的判断。在我国心理学领域，压力的界定主要有两种解释（袁娅婷，2015）：一是强调压力的感受性，压力是引发心理和情绪上的紧张反应的源头；二是将压力视为个体与环境产生的交互作用。后者的压力定义较为全面，不仅重视个体的认知评价、压力自身的产生情境，而且强调个体与环境的相互影响。压力是人与环境之间的特殊关系，在这种关系下，环境的要求若超出了自身的应对范围，或者环境要求威胁到自身的需要，个体随即对这种外在的要求作出身心反应。

处于青春期的中学生不仅要适应社会的快速变革，还要面临自身生理的变化与心理的发展。在社会变革的过程中，新的价值观念与传统观念发生碰撞与冲突，往往会使中学生陷入迷茫。而在这一时期，青少年还要面临第二性征的发育、异性同伴交往、亲子关系的重新建构、社交关系的扩大等诸多发展内容。个体积极应对适当强度的压力，可以转化为其前进、奋斗的动力；倘若压力强度超过了个体的应对范围，则可能导致其生理上的病理症状与心理上的困扰。在我国的应试教育制度及高考招生制度之下，学业成绩是衡量个体成就的重要指标，因此，学业压力被认为是中国中学生最主要的压力源，是影响中学生心理健康的重要因素之一（朱晓斌，王静丽，2009；冯永辉，周爱保，2002）。吴萍萍（2009）提出，学业压力是个体内部自身因素与外部环境因素共同作用的结果，其中内部自身因素包括中学生对自我学习能力的认识；外部环境因素包括中学生的学习任务、过程、结果的反馈以及来自于学校、家庭、社会的期望。张威（2004）强调压力的具体性与感受性，他认为，学业压力是学生在外部环境互动过程中知觉到的各个学科学习上的压力。陈旭（2004）提出，压力与人的身心健康及其适应性发展有密切关系，中学生感受到负性压力是因为压力强度超过其所能承受的应对范围，因此他将学业压力定义为，学习者对超出自己应对能力或可能威胁到自身的学业内外环境要求的反应或感受。然而不论如何定义学业压力，它都像一把双刃剑影响着中学生的日常生活。根据Yerks-Dodson定律，适当的学业压力能够正向地激发中学生学习的激情与动力，而过度的压力则可能导致紧张、焦虑等不良情绪的产生，对中学生的心理健康水平产生影响。

二、中学生学业压力的来源

学业压力源是指来自学业环境中超出学习者应对能力范围的任何物理刺激与心理需求。对于学业压力源的内容，每个学者都有其自身的理解，但对于压力源的探究通常来自于两个方面：首先从个体的生活事件和生活适应性水平的角度出发，通过生活事件或适应性水平的调查了解压力源；其次是从压力反应或体验角度评估和测量压力，重点是了解个体在面临压力情境或事件时的身心反应。陈旭（2004）将学业压力分为两大范畴：内源性压力源与外源性压力源。内源性压力源包括个体对学习活动的自我认知、目标、需要、期望等；外源性压力是指学生在学习和学业活动中体验到的任何超越其应对资源的刺激或事件。李文道、钮丽丽、邹泓（2000）的研究结果表明，我国中学生的学业压力占所有压力强度的80%，然而学业压力主要来源于考试成绩、父母期望和教师批评，并非学习活动本身。王爱兰、杨斌芳、路宏（2010）采用“中学生学习压力源量表”（SSA）对甘肃省 930 名初中生的学习压力情况进行调查，并将其学业压力源分为期望压力、竞争压力、自我发展的压力、任务要求压力以及挫折的压力。张晓玲、杜学元（2005）则倾向于将学业压力归结于中学生接触到的外部环境因素，他们认为学业压力源来自于学校、教师、班级交往、家庭和社会。我们综合以上研究，主要把学业压力源分为来自学校的压力、朋辈的压力、家庭的压力和来自社会的压力。下面分析四种压力来源的性质和特征。

（一）来自学校的压力

学校的压力是一种任务性压力，它可以通过学校直接给予，也可以通过教师间接传递给学生。教育行政部门以升学率为基准，给学校下达升学指标，这种规定在无形之中给学校带来沉重的负担。与来自学校的压力相比较，学生则更容易感受到教师间接传递的压力。教师的薪酬、职称评定、职业声望等都与学生升学考试的结果密切相关，因此只能被迫延长学生的学习时间，增加学生的学习强度，压力也就转嫁给学生。这些压力带来的直接后果体现在教师用过量的作业、超时间的补习和繁多的考试占用学生的课余时间和精力，增加学业任务。

（二）来自朋辈的压力

来自朋辈的压力就是指来自同伴、同学、朋友之间的一种竞争性压力。埃里克森指出，在青春期阶段，对同伴的依赖有助于青少年明确自我同一性并学会建立亲密关系。在以分数为标准的评价体系下，成绩好的学生往往能受到老师和家长更多的赞许与关注，而成绩较差或较叛逆的学生在班级中则易受冷落和歧视。由于成绩差别导致教师对学生关注与态度的差异引发了班级中为了取得优异成绩以及获得教师积极关注而产生的竞争和攀比。这种竞争会使中学生失去建立正常人际关系和同学友谊的机会，从而失去了倾诉青春期的烦恼与忧愁的途径，体验到犹豫、沮丧、焦虑等不良情绪。

（三）来自家庭的压力

家庭的压力主要是指家长给予的期望性压力。家庭的压力首先来自于父母对子女的过高期望，他们对子女成材的期望可能远高于学生实际能达到的水平。有些父母希望孩子通过读书飞黄腾达，甚至把改变家庭命运的重任都施加到子女身上。这些过重的期望压力易导致中学生的抗挫能力下降，一旦考试有失误就觉得愧对父母。而对缺乏正确教育方式的家庭而言，在家庭中时常出现责怪和打骂子女的情况，这对正处在青春期的中学生来说，不仅不利于其良好家庭关系的形成，甚至对其人格的发展都会产生重要影响。

（四）来自于社会的压力

社会的压力主要是指当前的社会氛围和社会舆论、主流的世俗价值观念等无形的准则通过舆论带给中学生的压力，是一种舆论氛围性压力。一般而言，青春期是一个为成年阶段所要承担的角色做准备的时期，所以人们对于这一时期中个人所获得的成就以及它的表现形式给予了高度的关注。中学生的成就主要是指中学生在学习上的表现。对处在自我同一性发展关键时期的中学生来说，以成绩为衡量标准的社会评价无疑给中学生带来了沉重的压力。过重的社会舆论压力可能会导致他们停止对自我同一性的探索，放弃自己的理想而被社会舆论同化，接受老师和家长替他们做好的一切决定，造成同一性早闭的不良后果。

第三节　学业压力对中学生健康成长的影响

压力是一把双刃剑。适度的压力可以促进学生的学业进步和身心发展。诸多发展心理学家都认为，在青少年的成长过程中，压力始终是伴随他们成长发展的重要生活内容，压力经验和体验也可以被看做理解其身心健康和发展的重要来源因素（陈旭，2004）。过度的压力可能会妨碍学生的学业进步和身心健康发展。那么何为过度呢？这大致可以从三个方面来进行评估：第一，压力转化成动力的程度。如果压力事件作为一种难度任务，可以激发学生的勇气和挑战，唤起他们迎接困难和挑战的成就动机，那么这种压力是适度的；相反，如果压力事件被看成一种高难度任务，被看成一种对个体的严重的威胁和挑战，个体在这种威胁和挑战面前产生一种退怯、逃避的心理倾向。这可能就是一种过度的压力。第二，压力事件是否具有可控性。个体对压力事件的控制程度影响到压力程度的大小，如果个体自己能够控制压力事件，即使压力很大，他也可以坚持下去，如果个体感觉自己完全无法控制压力事件，反而被压力事件所控制，那么这种失控感会容易引发消极情绪，导致身心症状，当然也不会有战胜压力、获取成功的可能性。第三，压力是否具有可预测性。能够预料的压力事件可能导致的后果，即使不能控制，无法战胜，通常也会降低压力的程度；相反，压力事件突然而来，超出预期，往往带来急性压力的身心反应。

学业压力作为一种重要的压力类型，对成长中的中学生来说，它的影响是双重的（前面所说的双刃剑），也是多方面的。从当前我们比较关注的学业压力的消极效应来看，我们认为，学业压力主要表现为对自我同一性发展、学校适应以及心理健康三个方面的影响。

一、中学生的学业压力与自我同一性发展

中学生处于青少年时期，这一时期的青少年要面对来自生理、心理、环境的重大变化，承受更多的发展性任务的压力。在这个时期，中学生的核心心理发展任务是自我同一性的形成。围绕着自我同一性的形成，中学生需要在性心理成熟、社会交往、个人身体和形象、社会角色和个人自主性、职业理想等多方面完成该阶段的心理发展任务。此时他们身心发展速度快且稳定性差，如果上述任务完成得不好，或者有些发展性问题处理不当，他们很容易面临同一性发展的危机，造成同一性的缺失、混乱、早闭，

从而引发影响终生发展的心理和人格健康问题。

但是，在现实的社会生活中，由于繁重的学业任务以及由此带来的超强的学业压力，中学生的自我同一性发展的空间被严重挤压。这其中有中学生自身的心理准备不够、思想认识不足的问题，更多的是由家长、学校和社会对中学生心理发展的严重忽视和对中学生学业能力发展的不合理期望造成的。学习是中学生的主导性活动，其在发展心理学的本来含义是，中学生通过丰富多彩的生活实践以及与其密切相关的学术知识的学习和训练，获得人生知识和经验，从而更好地完成自我同一性的核心心理发展任务（林崇德，2009）。但是，在现实的教育实践中，作为学习的主导性活动却被片面地理解为为了获取升学资格和就业条件而设计的学校课程知识的学习。如此，这种偏离正确学生身心发展轨道的学习活动任务容易构成学业压力，从而导致中学生学业压力与自我同一性发展的冲突。这种核心冲突处理不好，可能导致中学生严重的身心发展问题。

（一）与个人理想的冲突

个人理想是指处在一定个人发展条件下和社会关系中的个体对自己未来的物质生活、精神生活所产生的种种向往和设想。个人理想是中学生自我同一性发展的重要内容，是指引同一性探索的一盏明灯，激励着中学生朝着自己的梦想前进。在埃里克森看来，青春期中有一段不会受到过度的责任和义务约束的“隔离时期”，而这样的责任和义务会妨碍年轻人发现和追求自我理想，这段时期被称为心理社会的缓冲期。人们通常在学校里度过这一时期，他们可以独立地、自由地思考和设计他们未来的计划，而不必急于做出无法挽回的决定。但是，埃里克森描绘出的缓冲期只是一种理想的情况，尤其在中国，基于人口就业形势和社会传统观念的压力，学业任务是中学生的首要任务，个人理想的发展通常建立在良好的学业基础之上。个人理想如果偏离学业任务的要求，则可能出现个人理想与学业现实要求发生冲突的情况。

（二）与身心发展的冲突

人的发展是指个体从生到死的变化过程，这其中有连续、渐进的量的变化，同时也有迅速的质的飞跃。中学生自我同一性的发展就是要在青春期完成这项质的突破，这是一个从迷茫走向光明的过程。身心良好的发展是自我同一性形成的坚固基石。中学生所处的青春期是人类个体生命全程中的一个极为特殊的阶段，此时生理发育迅速，而心理发展却相对滞后，从而产生青春期特有的心理困惑和认识迷茫。在这个时期，中学生本需要在家长和老师的帮助和指导下，探索身体的结构和来源、身体发展的规律和特点、青春期性成熟和异性交往关系等重要的自我同一性发展任务。但由于传统观念和学业压力，家长与老师并未认识到上述任务的重要性，使中学生身心发展领域的自我同一性整合任务不能在其发展的关键期正常地完成，从而引发身心发展脱节或错位的心理问题和身体问题。

（三）与人际关系的冲突

人际关系是指人与人在交往中建立的直接的心理上的联系。进入青春期后，中学生有了许多心理上的不安和焦躁，也有了许多思想认识上的困惑，建构人际关系和进行人际交流对中学生的同一性的发展重要意义。一方面，良好的同伴关系可以相互提供机会来比较和评价意见、能力，甚至生理变化；另一方面，在同伴身上可以反射出自己身心发展的状况，获得自我概念建构的渠道。在人际交往过程中，与青少年来往的同伴起到了镜子的作用，从镜子中了解自己，认识自己。然而，学业的竞争，使中学生扭曲了同伴间纯粹的人际交往；繁重的学业任务与压力替代了中学生与朋友间心灵的倾诉。这种由交往的需要与学业压力产生的冲突，使青少年感受到了由于没有获得亲密关系或者不能维持这一关系而引起的孤独。

（四）与个人自主的冲突

个人自主是指处于青春期的中学生意识到自己是独立的个体，并且拥有自己的个性、想法和行为方式等。中学生的个人自主激励着其自我同一性的探索，他们本该不断尝试给自己设想各种未来，今天可能想要成为一名歌手，明天的目标也许变成了一名篮球运动员，但是学业的任务阻碍了他们的计划和设想。他们所接受与采纳的角色，总是为了达到父母或者其他权威人物为他们所设定的目标，这可能是繁重的学业任务与压力不给予他们应该自主拥有的一段真正的“心理社会缓冲期”，间接被迫地将他们引入这样预定的角色之中，接受他人为自己做好的决定。此时，父母和教师给予的学业压力与青少年个人自主的发展产生冲突，从而阻滞中学生自我同一性的发展，引发因过度接受别人的决定而导致的同一性早闭。

二、中学生学业压力与学校适应

基于前面的分析，外在环境的选择压力是个体适应环境的动力。正是因为在个体与社会环境的互动过程中，外在环境的变化对个体提出了新的要求，从而促使个体通过学习和发展新的行为技能、形成新的行为方式来与外在环境保持和谐平衡的关系。这种不断变化的外在环境所提出的新的要求就对当前的个体来说就构成了需要进一步适应的新的压力。从种系发生史角度看，选择压力是人类进化发展的根本动力，而从个体发生史角度看，选择压力则是个体成长发展的根本动力。

对中学生来说，学校教育环境不断提出的要求所构成的压力当然也是他们适应学校环境，从而促使自身成长发展的根本动力。毫无疑问，适度的学业具有可验证的健康和成长效应。而关照现实情况，许多学生由于学业压力，不能较好地适应学校环境，当然也难以在学校教育环境中顺利获得成长和发展。那么这又该如何解释呢？当然，前面所论述的压力的适度性也可以解释学业压力与学校适应的复杂关系，即适度的学业压力有助于中学生的学校适应，而过度的学业压力反而会妨碍中学生的学校适应。处于过度学业压力情境下的学生，难以胜任学校教育提出的任务和要求，难以主动地适应学校教育情境，甚至产生逃避学校环境的心态，当然这种学校教育环境也难以促进他们的健康成长和发展。除此之外，我们还需要从学业压力、学校适应的性质特征以及彼此的关系来进一步理解学业压力如成为学校适应的障碍。

（一）社会适应与学校适应

学业压力前面已经做过详细分析，此处不再赘述。在这里，我们注重分析学校适应。学校适应本质上也是一种社会适应。它符合个体社会适应的一般规律和一般特征。如果说适应是生物体在长期的进化过程中获得自然生存的基本法则，那么，社会适应就是人们在现代社会中获得社会生存的基本法则。从一般意义上看，社会适应就是个体在与社会环境的交互作用过程中，旨在追求与社会环境达成和维持和谐平衡关系的过程。个体如何适应社会？从进化心理学角度看，人类的社会适应心理是分层次的，表现为感觉适应、行为适应、认知适应和人格适应四个层次。感觉适应就是指个体的感觉器官的灵敏程度并非是一成不变的，而是表现为对刺激的适应性变化。感觉是最低层次的心理现象，感觉适应也是最基本层次的心理适应。在接受外在刺激时，个体不仅会产生感觉反应，也会产生行为反应。行为适应就是个体采取行为反应对环境刺激的针对性应答。这种行为反应与先于它的可观察的刺激之间建立起一种直接联系，即刺激—反应之间的联结。这种刺激—反应的联结作为其行为适应的模式，少数是先天性的，大多数都是在无条件反射的基础上在后天的环境中渐渐习得的。刺激—反应的联结并非是直接的，在刺激—反应之间还有一个心理加工环节。所谓认知适应就是个体适应机制在内部心理加工环节上的心理设计。由此，个体的适应能力，不仅受到外在环境的反馈性强化的塑造，更受到内在复杂的认知操作的指引。认知适应可以比基于单纯后效强化的行为适应使个体在适应性问题的解决中消耗更少的资源，付出更少的代价，从而提高适应环境的效率。因此，认知适应作为人类心智潜能的优越性表现，又比行为适应高级得多。关注个体思想、情感和行为模式的人格层面是更高的、整合性的心理层次。所谓人格适应，就是个体的思想、情感和行为的整体机能的发挥促进个体与社会环境保持和谐平衡的过程。人格适应是个体发挥自身人格特征的特色和优势的功能，与社会情境交互作用，解决适应性问题，从而达成与环境的和谐平衡状态（陈建文，2010）。

社会适应的心理机制设计不仅表现在适应层次上，也表现在适应心理的过程和方式上。关于适应心理过程，皮亚杰从个体心理发展角度，把心理适应理解为个体通过同化和顺应两个相辅相成的环节，不断与环境达成动态平衡的过程。后来有研究者对皮亚杰的观点作了补充和展开，认为心理适应从出现不适应到重新适应要经历认知调节、态度转变、行为选择三个环节（贾晓波，2001）。也有研究者探讨了极端应激事件情境下个体社会心理适应的过程，认为个体达到应激状态下的心理功能的恢复和发展需要经历探究意义、重建个人控制感、重建自尊三个基本的心理过程（Taylor，1983）。近年来人类高级认知的研究者把适应过程看作是目标定向活动中的问题理解和问题解决的过程（Hatano，Inagaki，2002）。我们认为，社会适应过程是个体以自身的各种资源构成的自我系统与各种环境因素构成的社会系统交互作用的过程。个体从自我的自在状态走向与社会系统的交互作用过程，并最终达成社会适应状态，至少需要经历心理发动、评估比较、内容操作和反馈性自我评价四个环节（陈建文，2010）。

关于适应的方式，在生物层面上，有机体对环境的适应通过现象型适应和基因型适应两种方式进行。与其他生物对环境的适应相比，人类在心理层面上对社会环境的适应有以下两个特点：其一，人类的社会心理适应是以其心理和行为的结构和功能的改变来适应环境的。其二，人类的社会心理适应是主动的。人们通过对外在环境的主动选择、调控和改变来维持对环境的适应。前面所说的感觉适应、行为适应、认知适应和人格适应在某种程度上就是人类成员适应社会环境的心理方式。不过，站在另外一个角度，从个体适应环境过程所表现出来的意识程度、时间维度、适应性质等特点来看，社会适应的心理方式也可以分为学习、应对和防御三种基本方式。学习本质上是获得新的适应能力的过程，应对是利用已有的技能和资源应付适应问题的过程，防御则是个体免遭外在威胁的一种自我保护机制。其实三者可以构成一种比较完整的适应方式：在面对外在情境的压力时，个体本能的情感反应可以给个体预留充足的时间和空间，让其来得及调动和组织自身的资源，有效地应对，而有效应对努力的熟练操作又是一个应对技能的学习过程，技能的有效掌握反过来又会有助于个体对类似情境的防御和应对（陈建文，王滔，2003）。

社会适应的过程和方式最终会影响到社会适应的状态。如何评估个体的社会适应状态，实际上涉及社会适应的本质问题。关于社会适应的本质问题，几种经典的心理学理论流派都有自己的详细回答。概括起来，精神分析流派强调内在欲求与外在环境要求之间冲突性的动态平衡关系，学习论流派强调个体习得性行为与环境之间的拟合关系，现象学流派强调个体在自我成长中与环境之间的动态平衡关系，而特质论流派强调人格特质的功能与环境之间的拟合关系。它们有一个共同点，即都强调个体与环境的某种和谐平衡关系。鉴于以上分析，我们（陈建文，王滔，2004）认为，社会适应状态的本质在于和谐和平衡：一方面是个体与社会环境之间的外在平衡关系；另一方面是个体内在的心理和谐关系。外在平衡与内在和谐相互依存，互为因果。内在和谐是外在平衡的基础，而外在平衡反过来促进内在和谐。而这种内外和谐平衡关系的适应实质，在很多心理学研究者看来，也是心理健康的实质（黄希庭，郑涌，李宏翰，2006；江光荣，1996）。个体要在社会适应层面上达到心理健康，有赖于个体心理机能的正常发挥。只有个体的心理机能得到正常发挥或臻于完善，个体才能有效解决适应性问题，从而达到与环境的和谐，也维持内在的心理和谐。不过，从社会适应过程和方式的角度来，这种体现个体与环境之间和谐平衡关系的社会适应状态又可以分为三种类型。第一种类型是顺应型，即个体主动通过适应环境的要求，学习适应环境的新的规则和技能，通过改变自身以达到外在环境的和谐平衡关系。这通常是个体在适应环境的初级阶段需要达到的适应状态。第二种类型是调控型，即个体在经历初级阶段以后，个体试图寻求与环境的更高水平的和谐平衡关系，这种和谐平衡关系不是体现在个体如何适应环境的要求，而是表现在个体在适应环境过程中如何发挥自己的潜能、价值和主观能动性，表现在个体与环境的交互作用上。在这个阶段，个体试图通过发挥自己的能量，主动在控制环境、建构环境或者创造环境的过程中打上自己的印记。此时，个体不仅是环境的一部分，也在某种程度上是环境的主人。很显然，这是社会适应的高级阶段。第三种类型是孤立型，即有些个体不能在初级阶段通过学习新的规则和技能，适应环境的要求，融入新的环境，然后也无法进入所谓的调控阶段，实现控制、建构和创造环境的目的。他们始终游离在需要适应的环境之外，从而表现出个体与环境的相互排斥，处于某种孤立状态。毋庸置疑，前面两种类型是适应良好状态，而第三种类型是适应不良状态。

学校适应是社会适应一种特殊类型。其特殊在于，第一，中学生的学校适应主要表现为他们在学校里的学习过程和学习行为。中学生的学习不仅是适应学校教育情境的方式，也是评估其学校适应状态的重要标准。因此，知识学习作为中学生的主导性活动，是他们学校适应的中心任务，可能也是学业压力的主要来源。第二，中学生的学校适应与其个人的成长和发展密切相关。中学生当前的学校适应状态如何，不仅影响其当前的成功、幸福和健康这些行为状态和内在体验，也会影响其将来的成长发展状况。对中学生来说，当前的学校适应不良状态可能导致其当前的适应障碍，而且这种适应障碍的时间累积和沉淀效应，可能演变成个体的人格障碍，最终影响其未来一生的健康成长和发展。因此，对学校教育来说，中学生的在校学习是主导性任务和活动，要特别关注学生在学校学习过程中对于学校环境的适应。

（二）学业压力与学校适应

根据前面对压力性质的分析，压力作为一种复杂的心理现象，不仅是指个体感知到的外在的威胁和挑战的情境和事件，也是指基于这种外在情境和事件感知而产生的一种综合性的身心反应。起初，塞利（Selye，

1970）把这种基于外在压力刺激而导致的身心反应看作个体的机体反应，表现为一般性适应综合征（general adaptation syndrome）。后来，拉扎罗斯（Lazarus，1991）认为，这种个体对压力事件的机体反应表现在身心的各个方面：① 情绪反应，譬如紧张、焦虑、愤怒等情绪；② 认知反应，譬如无法集中注意力、暂时性遗忘、思维狭隘等；③ 动作反应，譬如言语不畅、动作失调、夸张动作等；④ 生理的变化，譬如血压、心跳、呼吸以及内分泌系统的变化等。这种压力状态下的综合性机体反应被称为压力的非特异性反应。

这种综合性机体反应从反应指标上来说是非特异性的。不过从压力的认知特性来看，这种综合性的压力反应又是特异性的。个体的压力反应是基于认知到的威胁和挑战，那么不同类型和不同状态的个体针对同一种刺激可能具有不同的认知评价，有些人认为是威胁和挑战，而有些人认为不是。因此，个体对压力的反应也是有特异性的。这种特异性在于不同个体（或者群体）对不同的压力刺激有不同的压力认知评价和压力反应。对中学生来说，他们对学业压力的刺激尤为敏感，因为来自学业方面的压力容易构成对他们的身份、价值、尊严和自由的重大威胁和挑战，因此中学生对于学业压力的反应会特别集中和明显。这种压力反应从身心反应指标上来说是非特异性的，而从反应的刺激情境和认知对象属性来说又是特异性的，因此，我们可以把这种压力反应看作对特定情境和事件的适应不良。这也契合拉扎罗斯（Lazarus，1991）关于压力的界定，即压力本质上是个体与环境的一种特殊关系。那么对中学生来说，在学业压力情境下，他们就会表现出学校情境的适应不良，即学校适应不良。根据前面对适应的分析，适应表现对所处环境的融入和控制，而适应不良表现为与所面对的环境的孤立和格格不入。那么，中学生的学校适应不良就可能表现为对学校情境的抗拒和逃避，具体的行为指标包括逃避课堂、讨厌学习、抗拒老师、疏远同学、逃离学校等。

三、学业压力与心理健康

（一）心理健康的性质

关于心理健康概念，人们通常是从“健康”概念出发来进行理解的。而关于健康的概念，引用最多的就是世界卫生组织（WTO）（1989）该出的界定：健康不仅是身体没有缺陷和疾病，而且是身体上、心理上和社会适应上的完好状态。于是，关于心理健康，尽管没有公认的、统一的定义，大家都会倾向于认为：（1）心理健康与身体健康相联系。身体和身体机能的健全也会影响到心理机能的发挥和心理状态的良好。（2）心理健康不仅是没有疾病，更是指身心机能的发挥，从而使个体达到完好的心理状态和社会适应状态。（3）心理健康与社会适应密切相关，心理健康是指个体身心机能的良好发挥，最终需要达到个体对社会环境的适应。

于是，鉴于心理健康的多重含义，关于心理健康的评估标准也有多个层次。首先是最低层次的疾病标准。所谓心理健康，就是没有明显的心理疾病。而所谓心理疾病就是明显的心理功能障碍和身心痛苦状态，表现出临床上界定的各种心理问题症状。这种症状也会明显地妨碍正常的生活和社会适应。其次是大众层次的社会适应标准。心理健康就是个体能够通过正常发挥自身的身心机能，达到对社会环境的良好适应，表现出对工作、生活和人际关系等现状的比较满意的状态。这个标准假定大多数人的心理行为是正常的，大多数也是心理健康的。只有少数的心理和行为会偏离这种正常范围。然后是最高层次的精英标准。基于精英标准，有的心理学家认为，只有个体的人性得到充分展现，个人潜能得到充分挖掘，个人价值得到充分实现，个体才会达到所谓的心理健康状态。因此，精英标准反对众数标准，他们认为只有少数人才能得到心理健康状态。这些少数人是马斯洛所谓的“自我实现的人”、罗杰斯所谓的“机能完善着”，奥尔波特所谓的“成熟的人”，阿德勒所谓的“创造性自我的人”，黄希庭所谓的“幸福进取者”（陈建文，2010）。

综观以上三个层次的心理健康标准，精英标准作为理想的最高标准，在现实社会情境中很难适合对大多数人的考察和评价，在实践调查中很少使用。另外，基于统计学依据，疾病标准和社会适应标准则似乎没有严格的界限。多数健康心理学家都认为，从正常状态到异常状态、从健康状态到疾病状态是一个连续体，健康典型和疾病典型位于连续体的两个端点。也有研究者把这个连续体分为健康状态、病理状态和亚健康状态。健康状态和病理状态处于这个连续体的两端，而亚健康状态居于两者之间的过渡阶段。所谓亚健康状态就是个体身心处于疾病与健康的一种疾病易感状态或者疾病诱发状态。当亚健康状态的疾病易感因素积累到一定的程度，便会诱发疾病；相反，如果疾病诱发因素得到抑制，健康保护因素得到激发，那么这种亚健康状态就会转化为健康状态（黄希庭，郑涌，2009）。

另外，关于疾病标准与社会适应标准的关系，我们也可以从社会适应的本质特征与心理健康的关系来分析。如上所述，社会适应状态的本质在于和谐和平衡：一方面是个体与社会环境之间的外在平衡关系，另一方面是个体内在的心理和谐关系。在很多心理学家看来，这种社会适应的本质也是心理健康的本质。个体要在社会适应层面上达到心理健康，有赖于个体心理机能的正常发挥。只有个体的心理机能得到正常发挥或臻于完善，个体才能有效解决适应性问题，达到与环境的和谐，也维持内在的心理和谐，从而达到心理健康状态。而个体社会适应的心理机能状态又可以从两个维度上进行分析（陈建文，2009）。第一是个体社会适应心理机能的特质内容维度，即个体适应环境的心理机能表现在哪些心理特质内容上呢？一般的观点认为，个体心理机能分为知、情、意、行几个方面。不过我们认为，心理机能的适应状况也分为内在体验和外在表现两个方面。心理机能的内在体验表现为主观幸福感、自我价值感、个人控制感等内容；而心理机能的外在表现则主要体现在适应环境，解决适应性问题的效率、成就以及对压力的应对上。如果个体在做事效率和成就以及突发事件的处理上有优秀的表现，主观体验感觉也好，那么就表明个体的心理机能得到了良好甚至完善的发挥。第二是社会适应心理机能的活动领域维度，即个体适应环境的心理机能主要表现在哪些活动领域中？不言而喻，不同的个体或群体，其活动领域是不一样的。不过，我们也发现，由于生活空间一样，活动目标类似，角色雷同，年龄层次接近，有些个体或群体的活动领域也是一致的，譬如中学生就是由年龄、角色、任务相似的个体组成的具有共同活动领域的群体。

（三）学业压力与心理健康的关系

心理健康的影响因素很多，概括起来无非就是两个方面，第一是来自个体自身的遗传基因因素以及与此有关的人格因素。第二是来自环境影响的因素，其中重要的是环境刺激所构成的压力因素。内外两种因素的交互作用可能是导致心理问题的根本机制。而关于这种交互作用机制的探讨，主要有易感性—压力模型和差别易感性模型。

所谓的易感性—压力模型（the diathesis-stress model）（Monroe，Simons，1991），即个体自身的易感性素质和外在的压力刺激双重危险因素导致个体的身心疾病，所以有研究者干脆称之为双重危险模型（dual-risk model）（Heim，Nemeroff，1999）。在该理论模型的影响下，前期的许多研究者主要关注童年期负性经历（Caspi et al.，2002）、压力性生活事件（Caspi et al.，2003）、早期创伤（Frazzetto et al.，2007）等消极环境因素与个体易感素质对精神分裂症（Walker，Diforio，1997）、高孤独感（Niels van der Aa、2009）、反社会行为（Caspi et al.，2002）、攻击（Frazzetto et al.，2007）、抑郁（Caspi et al.，2003；Taylor et al.，2006）等心理或行为问题的影响（周荃，肖晶等，2016）。

差别易感性模型（differential susceptibility model）（Belsky，Pluess，2009）则认为，由于某遗传的个性特征或者基因的影响，那些容易受到消极环境的影响而表现出心理或行为问题的个体，也容易受到积极环境的影响而表现优秀或良好，即同一遗传特征或基因同时具有使个体变得更好（for better）或者更坏（for worse）的效应。因而该理论模型常使用易感性（susceptibility）、可塑性（plasticity 或者 malleability），而非易感性（vulnerability）来描述那些遗传的特质和基因。差别易感性模型还认为，对于素质－应激模型中的低易感性个体，他们虽在逆境中较少出现问题行为，但在积极环境中也更难有较大程度的进步。自从差别易感性模型提出之后，研究者对该模型进行了多方面的探索和验证，尤其是对个体在家庭养育环境中的差别易感性进行了大量研究，因此该理论模型得到了实证数据的支持（马园园，周荃，邢淑芬，2015）。

不过，上述易感性—压力模型和差别易感性模型都是单向度地强调对易感性属性的分析和探讨，前者强调存在某种只对消极刺激易感的个人素质，后者强调存在一种既对消极刺激易感同时也对积极刺激易感的个人素质。它们都忽视了压力刺激与个人易感性的真正的交互作用的关系。也就是说，即个体易感性素质对压力刺激的易感，可能与压力刺激的性质和类型有关。有些个体（或者群体）对某一种类型的压力刺激特别敏感，而另一些个体（或者群体）对另一种类型的压力刺激特别敏感。于是，不同个体（或者群体）会拥有不同类型的压力易感性结构。譬如，在中学阶段，学业是中学生的主导任务，他们也对学业压力比较敏感，于是他们可能形成一种主要对学业压力刺激比较敏感的个人素质，即学业压力易感性。这种学业压力易感性可能是导致其心理问题、学校适应不良甚至个人成长问题的重要因素。下面我们着重分析中学生的学业压力易感性问题。

第四节　中学生的学业压力易感性

要分析中学生的学业压力易感性，我们先要弄清楚压力易感性的概念。

一、压力易感性概念的提出：与疾病易感性的比较

通俗地理解，“易感性”就是有机体容易受到感染或影响的特性。与之意义相近的名词有敏感性、脆弱性、易受伤害性等。不过细究起来，易

感性至少包含两层含义：第一层含义是指个体对外在刺激的敏感性，即个体对外在刺激的感受阈限较低。参照《现代汉语词典》的解释，敏感性是指生物体或某一部分对某些因素易于感受的性能。第二层含义是指个体容易受到外在刺激的影响程度。即个体容易受到外在刺激的影响发生身心上的改变，尤其消极的、不利的改变，通常可以用脆弱性、易受伤害性来描述。在《牛津英文词典》里，易感性至少有 vulnerability、susceptibility 和 sensitivity 三个意义相近的词语。vulnerability 的形容词 vulnerable 的释义是“（of a person or their feeling）easily harmed，hurt，or wounded；sensitive”。Susceptibility 的释义是“the state or fact of being likely or liable to be influenced or harmed by a particular thing”。Sensitivity 的形容词 sensitive 的释义是：“① quick to detect or respond to slight changes，signals or influences；②（of a person or a person’s behavior） having or displaying a quick and delicate appreciation of others feeling”。可见，“易感性”在英文里也有以上敏感性和易受伤害性两层含义。vulnerability 和 susceptibility 主要描述第二层含义，即易受伤害性；而 sensitivity 主要描述第一层含义，即敏感性。

在专业上，易感性概念来自于医学，是指由特定遗传基因决定的，缺乏某种疾病免疫力的特性。换句话说，在相同的环境下，由于遗传基因的差异，不同个体罹患特定疾病的风险是不同的，即所谓疾病的遗传易感性。后来，健康概念由生物医学模式向生物—心理—社会模式转化，相应地，疾病的易感性概念也发生变化，易感性不仅指基因遗传因素，还包括个体的人格、行为模式、生活方式等心理行为因素。新的健康概念为心理学取向的疾病和健康研究提供了巨大的空间，这尤其体现在易感性的心理学研究中。

不过，一直以来，心理学借鉴医学的概念研究易感性，也沿用疾病易感性模式。易感性就是指在压力刺激状态下，导致个体易患某种身心疾病的心理行为特征因素，譬如抑郁易感性（邹涛，姚树桥，2006；徐华春等，2009）、焦虑易感性（唐海波，2008）、精神分裂症易感性（Jones，Fernyhough，2007）、心智缺失（mindlessness）易感性（Key，Edlund，

Sagarin，Bizer，2009）、酒精依赖易感性（Goldstein，Abela，2000）、人格障碍易感性（Paris，1999）等。在现有的疾病易感性的研究框架下，研究者也基本达成了共识。即易感性有以下几个特征：其一是针对某种具体障碍的易感性（即疾病易感性）；其二是一种内在的个人特质，具有潜在性和稳定性；其三是受到外在刺激时可能引发独特的认知—情感的加工方式和过程（Ingram，2003）。不过，在研究者看来，压力刺激经由个体的易感性因素引发压力反应，最终导致某种身心疾病，有赖于以下三个条件：一是有相应阈值的压力刺激；二是个人内在素质对外在压力刺激的易感性；三是个人内在素质对特定疾病的易感性（即疾病易感性）。

（1）压力的阈限

它就是导致个体压力感受，引发个体身心症状的最小压力刺激量或特定压力刺激源。首先，要有一定量度的压力刺激，才能够引发个体明显的压力感受。其次更重要的是，压力阈限受到压力刺激和个人易感性素质交互作用的影响。这集中体现在压力刺激的特异性和压力感的整体性。所谓压力刺激的特异性，就是指不同的个体对不同的压力刺激的感受阈限是不一样的。根据Lazarus（1991）的观点，压力是个体与环境的一种特殊的关系，即个体认为他拥有的资源不能满足其自身的需求，从而认知到环境刺激对其身心健康产生威胁。在这里，不同个体不仅拥有不同的资源，更拥有不同的需求特征，于是不同个体对不同的环境刺激可能产生不同的认知评估和压力感受，从而导致不同的压力阈限。所谓压力感的整体性，就是这些压力事件和情境对个体自身构成的威胁和挑战给个体带来相对一致的主观感受和身心反应，即塞利（Selye，1976）所谓的非特异性的综合适应症候群。压力刺激来源的特异性和压力感的整体性决定个体压力阈限的临界水平及其特点。

（2）个人特质对压力刺激的易感性

它就是指个体对压力刺激的易感性是存在个体差异的，这与个体的心理特质因素密切相关。这种基于个体自身特质的压力易感性可以体现在两个方面：第一是具有某些生理特质的因素，个体容易敏锐地感受到压力刺激的影响，对外在刺激特别敏感，即所谓刺激输入的“易通达效应”；第二是具有某些心理特质的因素，个体容易在心理体验和外在反应上放大外在压力刺激的影响，即所谓的刺激加工的“易放大效应”（Monroe，Simons，1991）。毫无疑问，压力刺激的易感性与压力刺激的阈限是密切相关的。易感性个体的压力阈限相对较低，相反地，压力承受力强的个体的压力阈限相对来说就比较高。不过，压力的易感性强调个体自身特质结构及压力感知机制对压力反应的作用，而压力阈限强调压力刺激的量度和特性对压力反应的影响。

（3）个人特质对疾病的易感性

它是指由于个体自身的特质和心理结构因素，个体容易罹患某种身心疾病。关于压力刺激环境下的疾病易感性，纯医学观点强调个体自身遗传基因因素的疾病易感性，而现代的社会医学和健康心理学强调个体心理行为因素的疾病易感性。有研究者认为，作为人格－疾病联结端口的疾病易感性，是通过心理生理机制和行为机制两种方式传递压力刺激对特定疾病的易感性作用的（Contrada，Leventhal，O’Leary，1990）。

在这里，虽然都是基于健康心理学视角，探讨压力与疾病的关系，不过，个体特质对压力刺激的易感性与个体特质对疾病的易感性可能是两个不同的概念或者不同的机制。前者强调人格素质及其机制对外在压力刺激的易感性，探讨压力刺激与人格特质的联结关系，可以说是探讨压力刺激易感性的心理学模式。而后者强调某些个人特质因素容易引发特定疾病的倾向，探讨个人特质与疾病的联结关系，也可以说是探讨特定疾病易感性的医学模式。如此说来，迄今为止，在压力刺激—易感性—疾病的易感性通道模型中，传统的疾病易感性研究存在以下不足：第一，只考虑了易感性特质与特定疾病之间的联接，没有考虑压力刺激的内容特征（譬如学生的学业压力）；第二，没有考虑特定对象的压力刺激的内容特征与其内在易感性素质的联结（譬如中学生对学业压力的易感性）。基于此，本研究认为，要全面探讨压力刺激—易感性—疾病的易感性通道模型，不仅要研究疾病易感性，而且还要研究与外在压力刺激联结的易感性，即压力易感性。

二、压力易感性概念的内涵特征：心理学模式与医学模式的异同及整合

所谓压力易感性，就是个体容易感受到压力刺激的影响，引发压力反应，可能导致适应不良症状的心理特质因素。关于压力易感性的内涵特征，我们可以拿其与疾病易感性的内涵特征的比较来进行分析。我们认为，压力易感性的内涵特征至少包含以下三层涵义。

（1）引发个体易感性的压力刺激是特异性的

不同的个体或群体，由于其发展阶段、核心社会角色、主导型的社会适应任务和核心价值观念的差异，他们会对不同内容、不同性质的压力刺激有不同的敏感性。譬如处于应试教育背景下的中学生对学业压力特别敏感，而即将毕业的大学生则对就业压力特别敏感。这种特定群体对特定压力源的易感性，不仅是因为这些特定压力刺激构成其特定阶段和特定情境下的主要压力来源，而且与其特定的社会心理结构、特定的社会心理氛围密切相关。那么与传统的疾病易感性模型相比，这里的压力易感性结构作为压力刺激—疾病路径的中介调节通道因素，其自身的结构特征不是跟随后的特定的身心疾病紧密关联，而是与个体或群体的发展阶段、核心社会角色、主导性发展任务、需求结构以及核心价值观密切相关，更与前提性的压力刺激的内容属性有密切关联。也就是说，不同个体或群体具有不同的个体或群体—压力环境的特殊关系，于是自然会形成不同的压力易感性结构。这种易感性结构是特异性的，其特异性体现在压力刺激与个体易感性结构的特异性联结，而不是疾病易感性特质与特定疾病的特异性联结。

（2）压力易感性是一种适应不良的心理结构

既然这里的压力易感性结构与特定压力刺激有关，与压力刺激－易感性结构的特异性联结有关，那么，这种易感性结构就不是疾病易感性模型中先天性的遗传特质结构，而是在后天的社会适应过程中渐渐形成的，与其发展阶段、角色要求、主导性发展任务和核心价值观相关的生成性结构。根据人格的五因素理论（McCrae，Costa，1997），压力易感性不是遗

传性的内源人格结构，也不是人格五因素结构中某个基本的人格维度（譬如神经质维度），而是遗传性人格特质和外在的不利环境特征交互作用而形成的适应性特征（characteristic adaptation），是遗传性人格特质的表现型，只是这种适应性特征是以一种适应不良的结构和功能形态表现出来，可能包括不良的习惯，偏差性的态度和认知观念，技能缺陷、角色错位和适应不良的人际关系模式等方面。在这里，遗传性人格特质与不利环境特征的交互作用不是两个危险因素的简单叠加效应（1+1=2），而可能是新的危险因素会增强已有危险因素作用的放大效应（1+1 ＞ 2）（金灿灿等，2011）。已有研究中所谓的认知易感性、人际交往易感性、自尊易感性等结构和机制模型均不是遗传性的人格特质的结构和机制，而是遗传性人格特质与外在的环境要求交互作用而形成的适应不良的心理结构或机制。譬如，关于认知易感性，Beck（1991）的认知易感理论中所说的功能失调观念和自我消极图式、Abramson 等（1989）的无望理论中消极的解释风格、Ingram（2003）的双处理模型中的负性自我认知偏差等认知结构均是个体基于自身的人格特质在后天的成长过程中建构起来的消极的认知观念和态度。压力易感性不是根源性的人格特质，但是会受到其深刻影响。神经质维度应该是与压力易感性最为相关的一种基本人格特质。神经质影响压力易感性的可能发生路径是，神经质人格是一种对外在伤害事件保持高度敏感的情绪唤醒机制，具有神经质人格的个体倾向于寻求保障自身安全的外在环境和人际关系，当然也倾向于回避具有挑战性和风险性的高难度任务。一旦受到挑战和侵犯，也容易感受到伤害，并且形成消极的自我建构和悲观的生活态度，也对现实生活中真实而复杂的人际关系缺乏灵活处理的技能。

（3）压力易感性的功能表现为综合性适应症候群

如上所述，压力易感性是个体内在特质结构对外在压力刺激的易感性。个体内在特质通过对外在压力刺激的“易通达效应”和“易放大效应”，从而引发个体的压力反应过程和身心症状，即所谓的压力易感性的功能表现。不过，与疾病易感性不同，这里所谓的压力易感性的功能表现是一种非特异性的压力反应，而不是疾病易感性所谓的、可能导致某种具体身心症状的特异性反应。基于压力源的刺激，经由压力易感性功能效应的非特异性压力反应，首先由塞利（Selye，1976）提出的一般性适应综合征（general adaptation syndrome，GAS）概念进行了阐释。塞利认为，这种综合性的压力反应分为先后发生的三个阶段，即警戒阶段、抵抗阶段和衰竭阶段。经历这三个阶段，个体会导致整体的身心机能受损和综合性的身心症状群。后来，有研究者（Sterling，1986）提出了"非稳态"概念，来进一步阐述这种综合性的压力反应，认为个体的压力反应是重新达到稳态的过程，但若压力过大，持续时间过长，那么有机体也会逐渐紊乱和衰竭，导致"非稳态"状态。这种非稳态的压力反应包括生理反应、认知反应、情绪反应和行为反应等身心症状。不过近年来，关于这种压力反应的非特异性也存在争议（严进，2008）。

当然，正如寻求易感性的压力刺激特异性模式是本研究的目的，寻求易感性的特异性压力症状反应模式也是诸多研究者的目的。在这里，研究者不妨把二者分别称为医学模式和心理学模式（如图 1–1 所示）。不过，在易感性的概念上，压力刺激特异性与压力症状反应特异性是存在冲突的。第一，如果人们具有从一个压力源到另一个压力源都适用的特征性反应模式，那么这种特征性反应模式如何能够随着压力源的变化而有所不同呢？第二，如果人们具有从一种压力源到另一种压力源的通用性反应模式，那么这种通用性反应模式如何由个体的不同导致不同的身心疾病呢？在这里，易感性的医学模式无法回答第一个疑问，易感性的心理学模式无法回答第二个疑问。那么，我们只能推论，本研究所提出的压力易感性概念与疾病易感性概念不是同一个结构。二者的不同之处在于：① 前人基于医学模式提出疾病易感性概念，是研究疾病的易感性因素和机制；本研究提出的基于心理学模式的压力易感性概念，是研究个体对压力的易感性因素和机制。② 前人主要探讨具体疾病与易感性的关系，即研究易感性的疾病特异性机制。本研究主要探讨特异性压力源与易感性素质的关系，即研究易感性的压力刺激特异性机制。

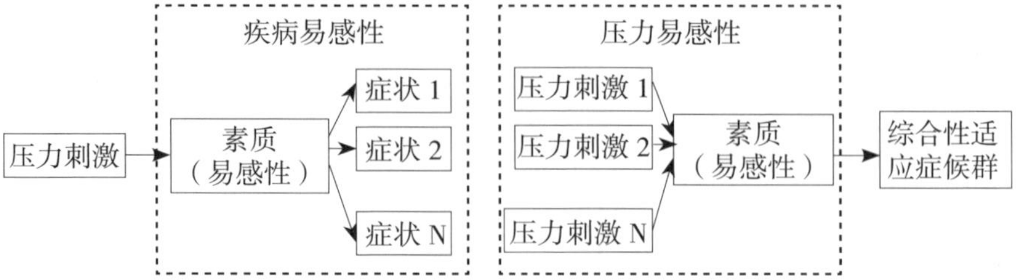

图 1–1　易感性的医学模式和心理学模式

如上所述，已有的易感性研究强调了个体易感性与外界压力刺激和具体疾病之间的特异性联结，这种特异性联结无法解释当外界压力刺激变化时，易感性仍然能够导致具体疾病发生的状况。而从外界压力刺激的作用看来，外界压力刺激更多的是导致个体出现适应不良状况，而不是具体的心理障碍或精神疾病，而疾病易感性同样无法解释外界压力刺激导致适应不良产生的机制。所以本研究认为，传统的疾病易感性仅能够在个体适应不良的基础上发生作用，并进一步导致心理障碍或精神疾病的发生，而在压力刺激导致适应不良产生的过程中，存在着另一种易感性，即压力易感性。所以在外界事件导致某种心理障碍或精神疾病的过程中，首先是外界压力刺激经由压力易感性导致个体适应不良的产生，而适应不良进一步引发个体疾病易感性的作用，最终导致了具体心理障碍或精神疾病的出现。总之，本研究不妨大胆地假设：特异性的压力刺激启动个体的压力易感性，引发综合性适应症候群，综合性适应症候群又启动疾病易感性模式，导致具体的身心疾病（如图 1–2 所示）。

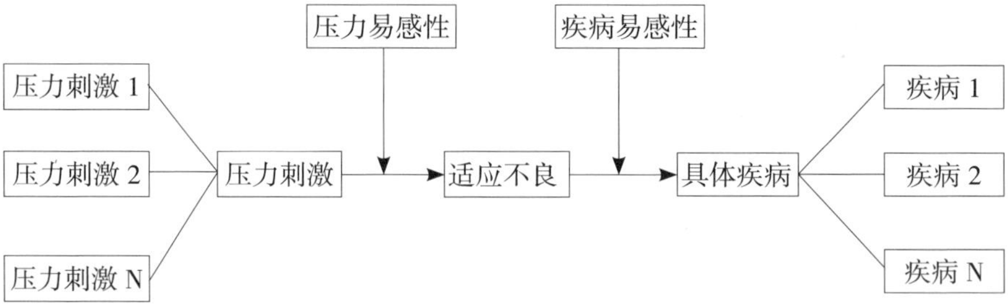

图 1–2　压力易感性和疾病易感性作用机制的整合模型

三、中学生的学业压力易感性

压力易感性概念强调特异性的压力源与易感性素质的关系。对中学生来说，学业压力是他们核心的特异性压力源，那么，中学生的压力易感性结构就主要表现为中学生学业压力易感性这种特殊的易感性结构。中学生的学业压力易感性是指处于青春发育期的中学生（12—18岁）容易受到学业压力的影响而引发适应不良的心理特征。正如上文所分析的，压力易感性是遗传性人格特质和外在的不利环境特征交互作用而形成的适应不良的心理结构。这种交互作用体现在遗传性人格特质与外在压力刺激源的特异性联结上。这种特异性联结的涵义在于，一方面，不同的个体由于处于不同的人生发展阶段，承担不同的核心角色及相关的主导性社会任务，那么其遭遇到的外在压力刺激源是不同的；另一方面，不同个体由于拥有不同的自我评价和价值观，即使面临相同的压力刺激源，他们的压力感受和压力反应也是不一样的。因此，遗传性人格特质在发挥压力易感功能、构成特定的压力易感性心理结构时，可能跟个体的发展阶段、核心角色、价值观和自我评价等社会心理因素密切相关。其实，这也是压力易感性与压力刺激交互作用导致适应不良的身心症状的实质所在。近来有研究表明（Belsky，Pluess，2009），遗传性的易感特质对环境刺激的易感性功能并不是简单的负性效应。基于前面所说的易感性的敏感性涵义，遗传性易感特质是对外在环境刺激具有敏锐的易感知特点，它对不利的环境刺激和有利的环境刺激同样敏感。于是遗传性易感特质具有双重的“易通达效应”，也具有双重的“易放大效应”，而不是单向的易受伤害功能的易通达和易放大。而只有基于遗传性人格特质和不利环境刺激的交互作用生成的压力易感性结构，才可能具有单向的易受伤害性功能，因为压力易感性结构在其先前的交互作用而生成的过程中已经逐渐累积性地沉淀了不利环境刺激的易感性心理成分，而没有建构出有利环境刺激的易感性心理成分。如此说来，在基于遗传性的内源人格特质基础上，作为生成性的适应不良特征，中学生学业压力易感性结构的生成至少受到自身的发展阶段、核心角色、主导性价值观和核心自我评价等因素的影响。对中学生来说，这些影响因素又都与其学业发展、学业任务的完成、学业导向的价值观以及在学业中的自我评价密切相关。

基于中学生学业压力易感性概念，本书探讨的问题如下：

① 中学生的学业压力易感性由哪些成分构成，如何测量？

② 中学生学业压力易感性如何发挥其易感性效应？

③ 中学生学业压力易感性如何影响其个人成长，尤其如何影响其自我同一性的形成和发展？

④ 中学生学业压力易感性如何影响其学校适应及其心理健康？

第二章　中学生学业压力易感性的结构

正如绪论中所言，中学生学业压力易感性是一种在先天人格特质与现实的学业压力刺激的相互作用下而生成的心理结构。它是一种可能导致中学生适应不良的心理特征，也是一种与中学生学业压力属性密切相关的、具有压力属性特异性的心理结构，还是一种稳定的心理特质。鉴于此，我们试图从以下理论建构取向、质性研究取向和特质取向三个方面探索中学生学业压力易感性的结构。

第一节　中学生学业压力易感性结构探索：理论建构取向

一、学业压力易感性的维度建构

在第一章，我们提出了学业压力易感性的概念，即中学生的学业压力易感性是指处于青春发育期的中学生（12—18 岁）容易受到学业压力的影响而引发适应不良的心理特征。关于中学生学业压力易感性的概念，至少还有以下三个方面的延展性涵义：① 关于中学生的学业压力。从结构上看，它主要由父母压力、自我压力、教师压力和社会压力构成（徐嘉骏等，2010）；从性质上看，它与预期的学业成就相关联，是可以控制的（主要是他人控制的）；从时间上看，它伴随学生的整个学习过程，属于慢性压力。② 关于学业压力易感性。处于青春期的中学生，其核心的心理发展任务是自我同一性的形成。基于此，中学生需要在性心理成熟、社会交往、个人身体和形象、社会角色和个人自主性、职业理想等多方面完成该阶段的心理发展任务（林崇德，2009）。学业任务只是其中之一，而且是与其遗传进化的动机和机制相冲突的任务（Geary，2012）。中学生过重的学业任务挤占了其他心理发展任务的发展时空，从而引起心理冲突。因此其学业压力的易感性主要表现在自我同一性发展与学业压力的冲突中，包括学业与社会交往、学业与个人自主、学业与娱乐运动、学业与个人理想、学业与身体形象关注等方面的冲突。③ 关于适应不良。本研究认为，基于心理学模式的压力易感性概念，中学生学业压力易感性是学业压力刺激的特异性，而不是特定身心症状的特异性，中学生学业压力易感性引发的不是某一特定的心理障碍，而可能是综合性适应症候群，包括认知、情绪、行为和生理方面等方面的综合反应症状，表现为适应不良。

根据人格的五因素理论（McCrae，Costa，1997），压力易感性实际上是遗传性人格特质和外在的环境要求交互作用而形成的适应性特征（characteristic adaptation），是遗传性人格特质的表现型，包括习惯、态度、技能、角色和关系等方面。据此，本研究假设，中学生的学业压力易感性是其学业压力与遗传性人格素质交互作用的结果。综合起来，中学生的学业压力易感性结构至少可以从以下三个部分进行建构（如图 2-1 所示）：① 学业压力来源包括父母压力、教师压力、社会压力和自我压力等压力来源方向；② 内在冲突内容指学业任务与自我同一性发展任务之间的冲突，主要包括与社会交往、身体形象关注、娱乐运动、职业理想、个人自主和性心理等冲突的内容成分；③ 表现型部分指学业压力易感性的适应性特征，主要包括不良习惯、敌对态度、技能缺乏、角色混淆和关系阻断等形式。然后，基于建构模型和开放式问卷的双路径数据驱动方法，编制中学生的学业压力易感性问卷，并进行信度、效度检验，调查当前中学生的学业压力易感性的现状特征（袁娅婷，2015）。

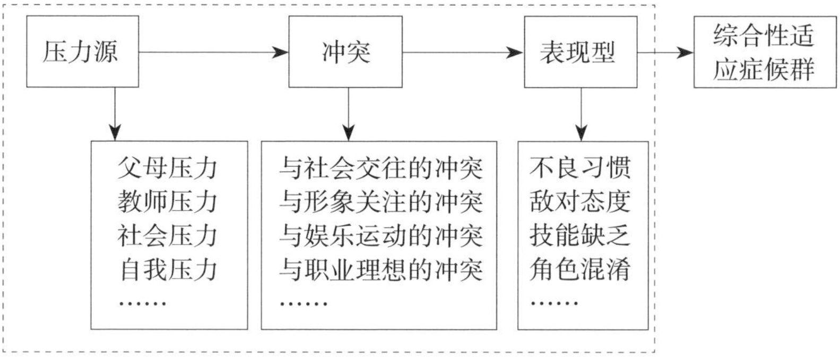

图 2-1　学业压力易感性结构

二、半开放式问卷调查

（一）调查过程

在综合已有的中学生学业压力、社会适应、压力应对人格等量表与问卷的基础上，结合对中学生学业压力的理论构想，笔者编制了中学生学业压力易感性的结构调查的半开放半封闭式问卷。以邮件的形式对 10 名心理学硕士研究生展开调查；以纸质问卷的形式调查江西省新余市中学教师 20 名，中学生 200 名。回收硕士研究生问卷 10 份、教师问卷 18 份、中学生问卷 172 份，问卷的统计结果如表 2-1 所示。

表 2-1　中学生学业压力易感性半闭式问卷调查统计结果

成分	专业学者（10）		中学教师（18）		中学生（172）	
	赞成人数	赞成率	赞成人数	赞成率	赞成人数	赞成率
来源部分						
父母	10	100.00%	17	94.44%	144	83.72%
教师	10	100.00%	15	83.33%	156	90.70%
社会	9	90.00%	17	94.44%	128	74.42%
自我	8	80.00%	16	88.89%	135	78.49%
冲突部分						
社会交往	9	90.00%	15	83.33%	145	84.30%
形象关注	8	80.00%	16	88.89%	138	80.23%
娱乐运动	8	80.00%	17	94.44%	125	72.67%

续表

成分	专业学者（10）		中学教师（18）		中学生（172）	
	赞成人数	赞成率	赞成人数	赞成率	赞成人数	赞成率
职业理想	8	80.00%	15	83.33%	143	83.14%
个人自主	9	90.00%	15	83.33%	141	81.98%
性心理	7	70.00%	13	72.22%	87	50.58%
表现型部分						
不良习惯	8	80.00%	15	83.33%	135	78.48%
敌对态度	7	70.00%	14	77.78%	147	85.47%
技能缺乏	9	90.00%	16	88.89%	123	71.51%
角色混淆	5	50.00%	11	61.11%	89	51.74%
关系阻断	7	70.00%	13	72.22%	128	74.42%

（二）调查结果分析与讨论

从表 2–1 可以看出被试对各个成分的赞成率普遍较高，均在 50% 以上。也有学者建议在表现型部分加上“目标指向”成分，用以表示学业压力易感的学生在制定个人目标和计划方面的个体差异。本书拟取赞成率为 70% 以上的成分，并综合考虑专业学者、教师和学生在开放式问题中提出的建议，得到中学生学业压力易感性成分的初步构想（如表 2–2 所示）。中学生学业压力易感性由三个部分组成：压力来源、产生内在冲突以及外显的表现。压力来源包括来自父母的压力、教师的压力、社会的压力和自我的压力；与自身发展产生的冲突包括社会交往、自身形象关注、娱乐运动、职业理想以及个人自主；冲突产生之后外显的表现有产生不良习惯、对他人的敌对态度、技能缺乏、关系阻断和目标指向。

表 2–2　中学生学业压力易感性成分的初步构想

部分	成分
压力来源	父母　教师　社会　自我
产生冲突	社会交往　形象关注　娱乐运动　职业理想　个人自主
外显表现	不良习惯　敌对态度　技能缺乏　关系阻断　目标指向

三、中学生学业压力易感性结构的实证研究

（一）研究方法

1. 被试

在重庆市随机抽取三所中学的中学生作为本研究的被试，总共发放400份问卷，回收问卷325份，回收率为81.25%，有效问卷319份，有效率为98%。其中七年级学生87名，占27.3%；八年级学生56名，占17.6%；九年级学生46名，占14.4%；高一年级学生42名，占13.2%；高二年级学生45名，占14.1%；高三年级学生43名，占13.5%。其中男生142人，占44.5%；女生177人，占55.5%。

2. 预测问卷的编制

预测问卷根据中学生学业压力易感性成分实证调查的结果编制，主要通过感受到的压力来源具体表现到中学生本身的外显行为或者情绪体验，编制63个陈属性语句，譬如，“因为作业太难，我常常应付了事”“我不愿与老师有接触”。采用Likert 5点计分法，其中1=“完全不符合”，2=“比较不符合”，3=“有点符合”，4=“比较符合”，5=“完全符合”，总分得分越高，说明被试的学业压力易感性水平越高。

3. 程序

以班级为单位，由教师和研究人员共同实施测试，由研究人员宣读指导语，测试完成当场收回。

4. 统计方法

数据采用SPSS 20.0进行分析处理。

（二）研究结果

1. 项目分析

录入数据后，完成缺失值的替换与反向计分的转换，采用极端组比较与同质性检验对问卷数据进行处理。

“临界比率”，即求出题项的决断值，也即 *CR* 值，根据测验的总分进行排序，标出高分组（前 27% 的组）和低分组（后 27% 的组）。高、低分组在每个题目上得分平均数差异的显著性检验，显著水平（$p<0.05$ 或 $p<0.01$）表示该项目具有较好的鉴别力，可以保留进入因素分析。“内部一致性”计算各题目得分与问卷总分的相关系数，相关系数越高，代表该项目与其他项目在测量某一行为特质上越有一致性，越有利于进行因素分析，如果相关系数小于 0.4，则认为项目间为弱相关，原则上是不适合进行因素分析的，进而删除该题项。统计结果可知，剔除 *CR* 值不显著及 *R* 值小于 0.4 的题项，共删除 24 个题项。

2. 因素分析

进行探索性因素分析前要先进行问卷数据的抽样充足性检验（*KMO*）和因素模型的适当性（Bartlett）检验。如果抽样充足性检验值大于 0.6，因素模型的适当性 Bartlett 球形检验的结果达到显著水平，则说明问卷能进行因素分析。在本预测问卷的研究中，*KMO* 检验值为 0.896，Bartlett 球形检验的值为 4726.911，$p<0.001$，达到显著性水平，表明本预测问卷适合进行因素分析。

本次因素分析中对于项目的筛选主要采用以下一些指标：①共同度小于 0.3 的予以删除。②项目负荷值小于 0.4，因素负荷值在两个因素上应相差 0.2 以下，在两个因素上负荷过高且相近的删除。③每个因素应包含至少 3 个题目。④陡坡图转折以下的以及特征值小于 1 的那些因子删除。

本研究通过对项目分析后剩余 39 道题的主成分提取公因数，显示抽取 4 个因素较为合适。根据上述的筛选标准，进行了多次筛选与因素分析，共删除了 11 个项目，最终保留了 28 个项目，并进行了第二次因素分析。第二次因素分析显示（如表 2–3 所示），28 个项目由 4 个因素进行解释，可解释总方差的 50.029%。将因素 1 命名为家庭环境，包含 10 个项目，解释总方差为 17.004%；因素 2 为师生关系，包含 7 个项目，解释总方差为 12.779%；因素 3 为学习态度，包含 6 个项目，解释总方差 11.192%；因素 4 为社会评价，包含 5 个项目，解释总方差为 9.054%。表 2–3 显示的是各项目在对应因子上的负荷量、共同度，从表 2–3 可知剩余的各项目在相对应的因素上的负荷值介于 0.415—0.759 之间，项目的共同度介于 0.311—0.637 之间，从而表明剩余的 28 个项目都满足测量学标准，可以将其保留作为正式问卷的项目。

表 2–3 第二次因素分析结果

题项	因素 1	因素 2	因素 3	因素 4	共同度	特征值	解释率（%）
23	0.745				0.582	4.761	17.004
25	0.728				0.611		
26	0.709				0.553		
22	0.700				0.545		
28	0.679				0.495		
24	0.643				0.483		
27	0.581				0.461		
17	0.552				0.356		
21	0.518				0.419		
20	0.445				0.366		
10		0.745			0.631	3.578	12.779
9		0.729			0.637		
8		0.661			0.552		
12		0.618			0.472		
16		0.603			0.460		
13		0.566			0.497		
7		0.528			0.474		
3			0.759		0.616	3.134	11.192
11			0.725		0.582		
4			0.725		0.597		
19			0.509		0.423		
6			0.468		0.326		
49			0.415		0.311		
48				0.763	0.589	2.535	9.054
61				0.742	0.566		
51				0.724	0.550		
46				0.600	0.455		
33				0.557	0.399		

根据文献查阅结果，笔者提出中学生学业压力易感性是由学生感受到学业压力，继而与自身的发展产生冲突，最后外显于个体的一种动态过程。这个动态过程会受到许多因素的影响，由预测问卷进行项目分析与探索性因素分析结果得知，影响易感性的成分可分为四个维度，根据

四个维度的题项内容将其分别命名为：家庭环境、师生关系、学习态度和社会评价。验证了前文提出的学业压力易感性是由个体自身（师生关系、学习态度）和外界环境（家庭环境、社会评价）共同作用结果的理论构建。问卷的 *KMO* 值大于 0.8，Bartlett 球形检验也达到了显著水平，表明适合进行因素分析。经过多次筛选之后得出 4 个因子的解释总方差为 50.029%，解释率可以接受。其中家庭环境维度包含 10 个项目，解释总方差为 17.004%；师生关系维度包含 7 个项目，解释总方差为 12.779%；学习态度维度包含 6 个项目，解释总方差为 11.192%；社会评价维度包含 5 个项目，解释总方差为 9.054%，最终形成了由 28 个项目、4 个维度构成的中学生学业压力易感性正式问卷。经过项目分析与探索性因素分析，中学生学业压力易感性预测问卷数据结果达到了较好的统计学标准，可以进行下一步的信效度验证。

3. 信度、效度检验

（1）信度检验

本研究采用 Cronbach α 内部一致性信度系数和折半信度系数来检验中学生学业压力易感性问卷内部信度。由于各因子有等长与不等长之分，因此统一采用 Sperman-Brown 折半系数。具体检验结果如表 2-4 所示。从表 2-4 数据可以看出，中学生学业压力易感性问卷的内部一致性信度系数为 0.951，折半系数为 0.957；各维度内部一致性信度系数在 0.855 到 0.944 之间，折半系数在 0.831 到 0.945 之间，说明中学生学业压力易感性问卷的信度系数较佳。

表 2-4　中学生学业压力易感性问卷总量表及分量表的内部一致性分析

变量	Cronbach α 系数	折半系数
家庭环境	0.944	0.945
师生关系	0.897	0.890
学习态度	0.858	0.831
社会评价	0.855	0.849
总量表	0.951	0.957

（2）效度检验

① 内容效度

内容效度是指问卷中的题项是否能够准确代表问卷所要调查的内容，表示被试在问卷中的得分是否能够反映其真实的心理特质水平。本问卷的的维度和题项是通过梳理文献、分析半开放半封闭问卷的结果，并邀请心理学研究生及相关专家对结果进行讨论而成。对形成的预测问卷进行项目分析及探索性因素分析，显示结果良好，因此本问卷具有良好的内容效度。

② 区分效度

由表 2–5 可知，中学生学业压力易感性中四个维度与问卷总分的相关系数分别是 0.886、0.765、0.787、和 0.791，均达到极显著水平。由此可知中学生学业压力易感性问卷具有较明显的内部一致性，问卷测量的是同一个心理概念。中学生学业压力易感性问卷中四个因素之间的相关系数低于 0.7，且均达到差异显著水平，属于中低度相关，说明这四个因素能够较好地从不同层面测量中学生学业压力易感性，说明中学生学业压力易感性问卷具有良好的区分度。

表 2–5 学业压力易感性各因素之间、因素与总分之间的相关（N=143）

因素	家庭环境	师生关系	学习态度	社会评价
家庭环境				
师生关系	0.502**			
学习态度	0.548**	0.553**		
社会评价	0.611**	0.579**	0.600**	
总分	0.886**	0.765**	0.787**	0.791**

注：*p<0.05 ，**p<0.01。

③ 结构效度

本研究在重庆随机抽取一所中学的学生作为被试，共发放问卷 160 份，回收 154 份，回收率为 96.25%，其中有效问卷为 143，有效率为 92.86%。主要运用 AMOS 20.0 软件对中学生学业压力易感性的数据进行了验证性因素分析，考察问卷的结构效度。在经过信效度分析之后，本研究将对中学生学业压力易感性正式问卷进行结构模型检验，即验证性因素分析，结果如表 2–6 所示。

表 2–6　中学生学业压力易感性问卷假设模型的拟合度指标（N=143）

df	χ^2	χ^2/df	*GFI*	*CFI*	*NFI*	*IFI*	*RMSEA*
344	503.444	1.464	0.808	0.935	0.823	0.936	0.057

根据吴明隆提出的标准，要求 *CMIN/DF* 值越接近 1 表示观察到的数据的协方差矩阵和假设模型的协方差矩阵的相似性程度越高，当 *CMIN/DF* 小于 1 时，表明模型匹配很好，当 *CMIN/DF* 值大于 1、小于 2，表明模型有较好的拟合，当 *CMIN/DF* 值大于 2 或 3，则表明模型与观察数据需要改进。本次研究 *CMIN/DF* 值为 1.464，说明拟合效果较好。在测量学中，拟合优度指数（*GFI*）、比较拟合指数（*CFI*）、常规拟合指数（*NFI*）、增值拟合指标（*IFI*）等拟合指数越接近 1，表明观察数据与模型的拟合程度越好。本次模型的 *CFI* 值为 0.808，*CFI* 值为 0.935，*NFI* 值为 0.823，*IFI* 值为 0.936，说明中学生学业压力易感性模型有较好的拟合程度。另外，渐进残差均方和平方根（*RMSEA*）的值越小，表示模型的匹配程度越高，当其数值介于 0.08—0.10 时，模型适配度普通；在 0.08—0.05 之间时，模型适配度良好，有合理的近似误差存在；而当数值低于 0.05 时，表示模型适配度非常好，而当渐进残差均方和平方根大于 0.1 时，表示该模型的匹配度较差，需要做出修改。本研究 RMSEA 值为 0.057，处于 0.05—0.08 之间，说明中学生学业压力易感性的四因素模型可以接受，其拟合度较好。建立的模型如图 2–2 所示。

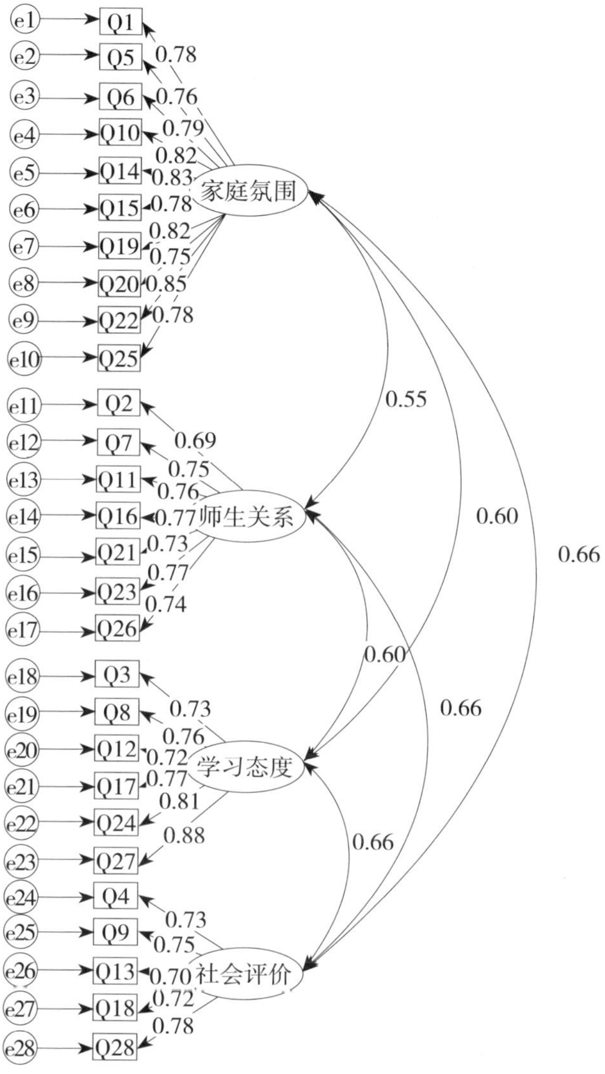

图 2-2　中学生学业压力易感性模型检验

（三）讨论和小结

本研究的自编问卷的内在一致性信度为 0.951，总问卷的分半信度系数为 0.957，均符合问卷的测量学要求，因此可以得知问卷项目具有较好的同源性并且具有一定的稳定性。

通过问卷各因子之间的相关矩阵可知，本量表的因子呈中度相关并且低于因子与总分的相关。若因子之间有相互交叉，则表明相关程度太高，说明这些交叉的因子需要修改；若因子相关程度太低，则说明有的因子测得的内容并不是想要测量的。本研究采用因子间相关系数标准为0.1—0.7，预测问卷因子间的相关系数均在0.7以下，说明本问卷的因子是相互独立的。另外，本研究是通过梳理文献、结合开放式访谈并且邀请心理学研究生和专家共同确定的题项，通过项目分析、探索性因素分析与验证性因素分析检验，结果显示各项指标符合测量学要求，表明该问卷能反映中学生学业压力易感性的特质。

本研究假设中学生的学业压力易感性遵守素质－压力模型，是其学业压力与遗传性人格素质交互作用的结果，并结合开放式问卷编制了中学生学业压力易感性问卷，严格遵循心理测量学的要求对问卷进行了信效度的检验，测量结果均复合测量学要求，因此得出结论：中学生学业压力易感性问卷的各项指标符合测量学标准，可以有效预测中学生学业压力易感性。

第二节　中学生学业压力易感性结构探索：质性研究取向

一、问题的提出

（一）研究目的

在学业压力易感性的研究中，对学业压力易感性结构及其测量的研究是重点。前期，我们从学业压力易感性概念出发，建构学业压力易感性的理论结构，并通过实证调查，验证理论建构的结构，初步获得了学业压力易感性的结构维度。不过，进一步的考察发现，前期建构的学业压力易感性结构的生态效度不是很好，这个基于理论概念建构的结构可能偏离中学生学业压力易感的实际情况。于是，本研究试图基于理论研究的视角，通过对中学生学业压力易感性状况的深度访谈，来进一步探索中学生学业压力易感性的结构维度及其测量。

基于以上思路，本研究试图达到以下两个目的：

① 通过质性研究，确定学业压力易感性的理论维度和特点。

② 基于质性研究所获得的结构框架，修订前期研究的中学生学业压力易感性问卷，进行信效度验证，形成有效的测量工具，为后续研究做准备。

（二）研究构想

如果研究者对压力易感性概念及其结构的理解不同，则他们对压力易感性的测量方向和具体的测量方式也会有所不同。当前，对压力易感性的测量大致可以分为两种类型：一类是人格特质倾向的调查，譬如，有研究者把大五人格的神经质维度看做压力易感性的有效成分，也有研究者提出了抑郁的压力易感性人格的测量方法。另一类是压力感知的自陈式评定，主要用于对压力感的评定，而非压力易感性的判定。这种研究几乎没有把压力本身的测量跟压力易感性的测量区分开来。总体看来，基于应激–症状模型的压力测量研究很多。而基于素质–应激模型的压力易感性测量不多。已有的研究也只是针对某些具体心理问题的易感性的测量，譬如抑郁易感性和焦虑易感性的测量。前期，我们在区别疾病易感性概念的基础上，提出压力易感性概念，试图通过理论建构，探讨了中学生学业压力易感性的测量问题，并编制了一套测量问卷。不过，问卷编制作为一种测量研究的过程，不是一次性的。问卷编制也有不同的思路和路径。在本研究中，我们尝试基于质性研究的思路来编制中学生学业压力易感性问卷。

前期编制的中学生学业压力易感性问卷（袁娅婷，2015）（见本章第一节）主要针对中学生群体，将具体的学业压力类型及其表现作为压力易感性的观测点，将学业压力易感性的内容确定为压力源、内在冲突和表现型三个方面，对学业压力易感性维度进行了初步探索，并形成信效度良好的问卷。但同时这其中也显示出一些问题：一方面，前期调查采集的信息主要来源于教师群体，教师群体有丰富的一线教学经验，熟悉学生的学习状态，但同时前期调查也回避了研究的主体——学生的真实想法和感受；另一方面，学业压力易感性的概念还不够准确，在内容上强调被动的压力感受，忽略个体主观认知因素的作用，因而在问卷的编制中，还需要对此进行完善和补充。

压力易感性的研究需要针对具体压力的内容特性来研究，这要求研究必须从实际出发。本研究试图通过了解中学生在学业压力下的易感性表现到底如何，结合学业压力易感性的定义，从目标群体的感受和描述中提炼出具有代表性的学业压力易感性的表现和认知过程，以此作为修订问卷的补充内容，这样可能更加贴近中学生学业压力易感性的表现和特点。

从现有的研究来看，压力易感性是人格和环境交互作用产生的适应性特征，研究时间集中到个体的童年时期或青少年时期，这是重要的心理发展阶段。在这个发展阶段，压力易感性因素因为认知发展而产生，也有可能因为认知发展而消退。从认知行为的角度来说，只要一个模式不再被强化，那就有可能被遗忘。人格特质具有一定的稳定性，也受外界环境的变化，压力易感性的特征是否会因为离开所生成的环境就逐渐消退还未可知，换句话说，学业压力易感性是所处环境中衍生出的长期而稳定的特质，还是成长过程中由于外界刺激和内部因素结合产生的阶段性特征，还需要进行进一步的验证。青少年阶段作为自我同一性成长的关键期，可以通过自我同一性发展所处的状态来判断其人格成熟程度，人格的成熟必然伴随着心理素质的提升，根据压力易感性的理论，压力易感性是一种不利的心理健康素质，因此本研究试图通过对比群体里各自的自我同一性发展状态，探究学业压力易感性的发展特点和阶段性特征，并试图发现人格特质在其中所起的作用。

二、学业压力易感性的质性研究

根据学业压力易感性的定义，学业压力易感性的表达涉及与压力感受、压力应对的认知特征；表现为个体试图通过学业表现来应对生活中的各种压力事件和压力情境，从而产生的学业压力敏感性。本研究通过访谈学生被试进行调查研究，旨在了解现阶段涉及学生压力感受的事件，学生的压力应对方式及其对学业压力的影响，探索在这个过程中，家庭、学校、个体自身分别扮演了什么样的角色，以此来探索学业压力易感性的表现以及其内在维度，揭示压力易感性的机制，以此确立学业压力易感性的结构（李婧雯，2018）。

（一）研究方法

1. 研究对象

从重庆市的重点中学选取在读的文、理科班的学生，抽取在学期的心理普测中学业压力分数较高的同学，以及部分经班主任推荐的同学进行访谈，共计 8 名学生参与访谈，访谈被试基本情况如表 2–7 所示。

表 2–7 访谈被试基本资料

编号	性别	年级	文 / 理科	成绩水平	家庭情况
S01–YR	女	高三	理科	年级 410 名	父母均打工，独生女
S02–HB	女	高二	文科	年级 80+ 名	父亲是司机，母亲个体户，家里有弟弟和妹妹
S03–YX	女	高二	文科	班级倒数 5	父亲手艺人，母亲工人；独生女
S04–LH	男	高二	文科	年级 30 名	父亲是管理人员，母亲是公司职员；独生子
S05–JY	女	高二	理科	年级 100+ 名	父亲工程师，母亲会计；独生女
S06–ZZ	男	高二	理科	年级 560 名	父亲装修工，母亲待业；家里有一个弟弟
S07–YS	男	高二	理科	年级 500 名	父母原是医生，现在做餐饮，有一个姐姐
S08–BP	男	高一	理科	年级 5 名	父母承包高校食堂，家里一个弟弟

2. 质性研究方法

（1）访谈法

采用半结构访谈法，本研究依据学业压力易感性的定义，考虑到学生压力的来源、压力感受的表现以及面对压力的应对方式来编制访谈提纲，探查学业压力易感性的表现型部分，并经过 3 名中学心理老师的建议修正访谈提纲，选取了 3 位中学生对提纲进行预访谈，最后确定正式的访谈提纲。

（2）访谈过程

访谈开始时，向受访者说明本次访谈的目的是旨在了解高中生的学业状况及所面对的压力情况。在得到受访者允许的情况下，对访谈过程进行录音，并承诺本次访谈内容只用于研究，为保证受访者隐私，访谈记录会进行匿名处理，受访者编码以序号加姓名首字母组成。

访谈时间为2017年12月21日至2017年12月28日，选在中午的自由休息时间，在学校心理咨询室进行一对一访谈，每次访谈时间30分钟左右，录音，并在此之后做好录音转录工作，整理访谈记录。

（3）基于扎根理论的质性分析方法

扎根理论是一种定性研究的方式，通过处理质性数据，在经验资料的基础上建构理论观点。本研究将从访谈和观察资料入手，对信息进行逐级编码，形成初始代码；使用出现频繁和重要的初始代码对大部分数据进行分类、组织，提炼相关的概念，明确各概念之间的相互关系，对关联的概念进行高度总结，确定聚焦代码，形成类属；最后通过赋予聚焦代码关联形式概念化、整合，分别形成类属和具体化。

步骤一：对收集到的访谈资料转录为文本，进行逐行编码，并根据访谈内容分类，形成初始编码。

步骤二：用最重要和频繁出现的初始代码对大部分数据进行分类、综合和组织，形成聚焦编码，再返回至早期文本中对应，将聚焦编码的属性和维度具体化，最终分别形成对学校、家庭、自我发展和未来四个方面问题的描述。

（二）研究结果与分析

根据访谈内容进行逐句编码，就初始编码的类型将内容分为家庭方面、学校方面、自我方面和未来方面四个部分，进行分类处理，并对内容进行逐句编码。

1. 家庭方面

学生在家庭中感受到的压力主要来自于父母的期望，同时父母在表达期望时也有不同的方式，其中，运用言语打击、严厉的惩罚来对学生进行学业要求和学业管教的，学生的学业压力往往更容易在短期内飙升；同时父母评估学生的学业进展的方式也主要以成绩排名为导向，容易忽略在这个过程中学生的个人努力，造成家庭成员的误解。详细结果如表 2–8 所示。

表 2–8 家庭方面初始编码及谈话记录

初始编码	内容
家人关注 家人表达失望 固定的打击	S01–YR 学生：他们（家里人）很关心我的学习，如果我考撇了（重庆方言），他们肯定会说一些对我没指望的话。比如我如果明年考不上的话，就去下（苦）力那些（话）。（他们）打击我，（是为了）让我有动力，但是还是让我不舒服。
父母的期望 榜样的压力	S02–HB 学生：（我）学习压力比较大，主要是（来自）家庭的（压力），父母希望（我）出人头地，不要像他们一样那么辛苦，（我）家中子女比较多，（我是）老大，还要（给弟弟和妹妹）做榜样。
重复表达希望 询问成绩 严厉的惩罚 生活细节检视 感觉喘不过气	S04–LH 学生：家里（人）表达期望会重复强调，回家就会问：在学校用心没有啊？成绩怎么样？如果（我的）回答不符合（他们的）预期，（他们）就会发火，（会）言语刺激和肢体接触。如果（我）没有刻意想（这些），学习压力不会那么大。（当我）想起学习压力的时候，（我会）感觉喘不过气。两个星期以前，刚刚考完试的时候，（我）就有这种感觉。考试后的压力更大，因为要面对责罚，如果考好了就还好。家里对（我）生活上的关心很多，很繁杂，把（我）生活上的每个动作（都）折射到学习（上）。我觉得（这）是小题大做，他们觉得是以小见大。
父母的期望 被对比 只关心排名	S05–JY 学生：学习上的压力主要来自于父母，自己考差了就很对不起他们。父母经常说要考一所好大学。妈妈同事的女儿，那些姐姐考得都是特别好的大学，（这些对我而言）会有暗示的感觉。平时（父母）不怎么关心每一科考多少分，只关心名次，除非特别差的科目会特别说一下。
家人沟通 成绩是唯一标准	S07–YS 学生：跟家人关系现在不是很好，家长一看到（我的）成绩这么差，直接（对我）一顿臭骂。姐姐是榜样，家人会拿（我和姐姐）做比较。

2. 学校方面

学生将学习事件识别为挑战和威胁，产生一系列负性的情绪，如焦虑、担忧、郁闷或恐惧等。负性事件包括作业繁重、同伴竞争激烈、学习时间不够、学习评估标准单一等问题。详细情况如表 2–9 所示：

表 2-9　学校方面初始编码及谈话记录

初始编码	内容
高考时间逼迫 成绩上升困难 没有复习时间 完成老师的任务 被作业堆满	S01-YR 学生：从高考倒计时一百多天开始，（我）觉得时间在逼迫我了，有点绝望，感觉自己成绩提不起来。时间太紧了，不停地做作业，很少有时间做自我复习。我平时学习状态还是挺自律的，都尽量去完成老师布置的任务。但没有什么时间做自我复习，（只有）星期天才有一点儿时间，其他时间都被作业堆满了。
考试拉肚子 做题全错 天色特别暗	S02-HB 学生：我考试时自我感觉不是很紧张，但是考试开始时或者结束时都会拉肚子，平时都没事，（只有）考试的时候才会有这种感觉。我如果状态不好的时候，感觉做一个英语阅读理解会全错。那个时候抬头看天，就会觉得天色特别暗，阴沉沉的。
作业反复做 时间不够用 考得差 束手无策 不喜欢学科	S03-YX 学生：我学习压力很大，主要是很多作业做不完，反复地做，理解不到位。恨不得把 1 分钟时间掰成 8 分钟。越到考试，我反而玩得越开心。看上去放得开，（其实我）心里还是有个坎：谁会考这么差呢？（要学的）东西太多了，学不下去了，堆着那里，我也不晓得该怎么办，只能束手无策了。我在学习上不太顺心，（想到）读理科数学可能学不好，物理很难，也学不好，（所以）就去读文科了，我不是真心喜欢（文科），选科目都是为了应付考试。
学习竞争大 补课没有休息 没有放松	S04-LH 学生：在学校，学习氛围很浓，我就不容懈怠，有时候自己想休息一下，就感觉很有压力。每当一个星期的任务结束了，我就想稍微放松一下。但是我们（周末）要补课，我不想（补课），只想休息。
努力没有进步 考试唯一评估 周围同学比较 考试效果差 对排名有阴影	S05-JY 学生：我过去自己学习的时候会自信一点，现在越学越不自信了，（明明）努力了，（成绩却）一直在退步。学校也没有别的方法来评估我们的学习状态，基本就是考试。（每当我）看年级排名、和周围的同学进行比较的时候，我就很扎心，我周围的都是学霸，跟他们一比，自己一直在后退。我非常害怕考得很差，（这让我）很有压力。考试后我知道应该重点关注错题，但是每次考试后，我更关注排名，其实考完后老师会评讲错题，但是我要三四天才能从排名阴影里走出来。
老师赞赏 同学炫耀	S06-ZZ 学生：我的学习压力主要来自老师和同学。老师经常说这些同学成绩好，那些成绩差的同学要好好努力，把成绩提起来。感觉老师喜欢那些成绩好的同学，考试成绩好还有奖励，（有的同学）得了钱就会开心地炫耀，下课了就在你面前晃，（这让我）感觉很不舒服。
烦躁 不想理周围的人 考试是唯一标准	S07-YS 学生：我在学习方面有压力。我现在名次不好，一道题解不出来就比较烦躁、焦灼了，不想吃饭，不想理其他同学。（我不喜欢大家把）考试作为评价学习成果的唯一标准。
反复检查 害怕出错 社会淘汰	S08-BP 学生：我做题时会反复检查，生怕出错。我每次做错题的时候就担心自己考试也会错，考试做错题的时候会担心自己下一次考试还会做错，害怕高考的时候也犯同样的错误，那样就不能读一所好大学，也无法找到一个好工作，就会被社会淘汰，以后就没有前途。

3. 自我方面

笔者在访谈中发现，学生对自己的发展和表现有一定的要求，希望有自我发展的动力，大部分是以学习表现作为自己的主要评判标准，导致学生由此产生诸多的对自我的片面判定。与此同时，学生也会忽视自身关于个性发展的需求，如果不能够疏导和解决学习困惑，学生的学习过程会产生诸多干扰、阻碍和不自信，从而使学生的学习效能受到冲击，造成恶性循环。详细情况如表 2–10 所示。

表 2–10　自我方面初始编码及谈话记录

初始编码	内容
羡慕成绩好 朋友交流少 人际矛盾	S01–YR 学生：我关系比较好的朋友都和我不在同一个班。我所在班级里只有一个朋友，她成绩很好，让我很羡慕，但是（我）现在（高三跟她）交流这些不太好的情绪，她就不太回应了，可能是学习太忙了。我自己对与周围人（的相处）很烦，后面的男生经常说一些无聊的话题，影响我学习。
学习能力判定 和周围人比较 负性评价多	S05–JY 学生：我的学习能力一般，这学期以来，（成绩）一直都在退步，遇到周围人都做得出来的难题，我却做不出来。以前有些同学没有我考得好，但是他们的成绩排名现在都在我前面，我觉得是我不够聪明。我觉得自己自卑、内向、不主动，我觉得没有特别正向的形容词能形容我自己。
人际活动少 不易入睡 经常担心考试 不许出错	S08–BP 学生：平时我都努力学习，没有和同学一起玩，因为（我觉得玩）很浪费时间，（只喜欢）偶尔听听歌。我晚上有时不太容易睡着，脑子有很多想法，一般想的都是最近的考试没考好怎么办，如果高考的时候这个题也做错了，我就会错失好大学。所以我平时就要对自己要求严格，不准自己出错。

4. 未来方面

当谈及学生对未来的目标和期待时，主要包括经济担忧、好大学与前途、学习目的、迷失志向四个方面的内容。对于自己以后要做什么，大部分同学遵照父母的建议，没有自己的探索，自己所选择的目标虽然获得了支持，但是内心仍会以父母给的建议为主，有的同学以自己的想法为主，父母都会支持学生自己的想法，但论及自己如何决定未来的目标时，其背后透露出来的探索度往往不够，对于自己选择的目标，很多同学一知半解。同时还有一部分同学在自己的目标方面仍没有方向，自述对未来很迷茫。详细情况如表 2–11 所示。

表 2-11　未来方面初始编码及谈话记录

初始编码	内容
动力缺失 志向受挫	S02-HB 学生：有的时候坚持太久了，感觉学习没什么回报，也感觉没什么动力了。我现在有点接受不了现实，以前还沉浸在幻想中。我小时候志向比较远大，要考清华、北大，现在感觉实现不了，这也算是慢慢看清现实了。
经济条件不好 要上大学 质疑能力	S03-YX 学生：我家经济条件不是很好，他们（父母）还担心我以后不能负担自己的生活。我对自己的要求就是能考上一所好大学，以前觉得能读个一本就挺好了，现在觉得（这一切）都没有那么简单。从考试成绩来看，我的能力只能达到这个程度了。
一直寻找目标 没有动力努力 家庭期望不是自己的目标	S04-LH 学生：我一直在寻找自己的目标，如果能找到的话，（我的状态）应该会有变化吧。虽然知道自己该努力，但是找不到努力的理由，心里面始终搞不懂自己为什么要努力。如果（我的成绩）达到家人的期望，（他们对我的要求）就会稍稍放松一点，但是（他们的建议）对我确立未来的目标没什么帮助。
经济负担 好大学和好工作 社会淘汰	S08-BP 学生：爸爸跟我说，如果我不好好学习，就会被社会淘汰。爸爸妈妈会老，弟弟身体也不是很好，（将来我）肯定要承担很多医疗和养老的费用。如果我不能考一所好大学，不能找一个好工作，以后赚不到钱，就会被社会淘汰。

5. 学业压力易感性成分的汇总

对访谈记录的最终编码整理结果如表 2-12 所示，高中生对学业压力的易感性因素包含四个方面，分别是家庭压力、学业阻碍、自我发展和未来成就四个方面，一共 17 个聚焦编码。

中学生在家庭方面感受到的压力易感性主要包括家人频繁争吵、恐吓式地宣扬成绩决定论、亲朋间的比较、习惯性地表达失望、家庭经济状况差等方面。

中学生在学校方面感受到的学业压力易感性主要包括自主学习时间少、作业多且难、学习评估单一、努力却没有回报、同学竞争等。

中学生在自我方面的压力易感性因素主要包括不自信、对自己能力的质疑、负性自我评价、人际需求等几个方面。

在未来方面，有经济方面的担忧、好大学与前途、学习的目的、迷失志向几个方面的因素与易感性相关。

表 2–12 高中生学业压力易感性因素编码结果

类别	家庭压力	学业阻碍	自我发展	未来成就
聚焦编码	家人失望 惩罚教育 恐吓式沟通 只关注排名	自主时间少 学习进度落后 考试排名落后 同学的对比 作业任务多	不自信 能力质疑 负性自我评价 人际需求	经济担忧 好大学与前途 学习的目的 迷失志向

6. 小结

通过对访谈内容进行研究分析，笔者发现高中生的学业压力易感性的外在表现主要集中在家庭压力、学业阻碍、自我发展和未来成就四个方面。

通过访谈发现，当被访者探讨学业压力及其带来的消极体验和行为表现时，大部分的受访者表示压力主要来自家庭，其次才来自学习本身。从家庭压力方面来说，家长经常用过激的言语来表达失望，对孩子的学业表现进行言语打击，这对于成长期的孩子来说，他们是非常容易体会到挫败感的。父母常常把自己的孩子和别人家的孩子进行比较，将父母的担忧过早地转嫁给孩子，采用言语刺激，打骂教育，只关注成绩排名等方式，让孩子在遇到相关的学业情境时，引发一连串的应对压力和对不良后果的无力感。为了让孩子出人头地，家长希望孩子能够在学业上有所成就。父母的高期望给高中生造成压力，使之产生焦虑和抑郁的情绪，也引起注意力分散等问题，有的高中生还会因为家人的过高期望而出现攻击行为。这些消极情绪无法处理，累积在学生心中，逐渐变成了学习压力之外的另外一种压力情境，成为压在学生身上的一座大山。

在学业层面，学生普遍反应任务量多，时间不够，在访谈中，笔者都能感受到他们强烈的焦虑感。适当的任务要求可以提升学习的动力和专注力。如果学生本身没有良好的学习安排计划和具体的任务安排，则可能会造成焦虑和抑郁问题，甚至出现躯体症状。学业任务在时间上和空间上的挤压导致个体严重缺乏自我思考和梳理情绪的空间，心理素质差的学生长期陷入未完成任务的焦虑中，变得对学业压力事件特别敏感，影响心理健康。

在自我层面，为了同时应对多方面的压力，在应对资源有限的情况下，个体不得不发展出一些折中的办法，比如在家庭沟通上，为了获得家人的认可和一定程度的自由时间，学生会与家人的观念妥协，放弃自我在个性发展和未来发展方面的探索。学生由于自身资源被家庭要求和学业任务挤占，缺少对自我意识的察觉和引导，不知道自己究竟是什么样的人，对自己缺乏客观的认识，从而回避自我发展中的各种矛盾。

在未来层面，被访者能够树立目标，但是目标来源大部分是服从权威建议，容易忽略自身发展的连续性，片面地去看待自己的发展和成败，在对自己的认可度方面，还缺乏更多的自我察觉和自我引导。

总体来说，从访谈调查中能看出，高中生为了应付当下阶段的学业压力，基本占用了自己个体发展所有的资源，如探索未来层面主要的发展资源。这让学生感受到的压力不仅仅是来自学习任务的压迫，还背负着家庭给予的期望和压力，掺杂着对自己应该如何发展的迷茫，伴随着对未来如何前行的担忧。

三、中学生学业压力易感性结构的实证验证

（一）研究方法

1. 研究对象

笔者在重庆市某中学发放预测问卷 380 份，由教师和研究人员共同实施测试，在晚自习和班会上发放，做完当堂收回。剔除有漏填、有缺失值的问卷 23 份，回收有效问卷 357 份，回收率 93.9%。被访者年龄为 14 岁到 19 岁，其中男生 152 人，女生 182 人；高一 120 人，高二 140 人，高三 97 人；独生子女 218 人，非独生子女 139 人。

2. 调查问卷

笔者根据学业压力易感性的定义以及前期质性研究的结果，对原问卷的题项进行了合并，对问卷的部分项目进行了调整，通过访谈资料再次补

充题项，形成预试问卷，共计37题，其中5个反向计分题，共4个理论维度。邀请心理测量方面的专家及发展与教育心理学研究生审定各个项目的内容以及词语表达的准确性，邀请3名中学老师对题目的准确性进行审定，最后形成初始问卷（李婧雯，2018）。

3. 数据处理

本研究采用SPSS 20.0、AMOS 21.0对数据进行项目分析、探索性因素分析和验证性因素分析等。

（二）研究结果和分析

1. 探索性因素分析

通过项目分析后，剩余34个项目，进行问卷数据的抽样充足性检验（*KMO*）和因素模型的适当性（Bartlett）检验。*KMO* 检验值为0.842，Bartlett 球形检验的值为3482.233（自由度为561），达到显著性水平（$p<0.001$），此处KMO取值表示变量间有共同因素存在，本问卷适合做因子分析。

采用主成分分析法和最大方差法进行探索性因素分析，选取因素特征值大于1的因子，提取公因素，从碎石图的走向来看，提取四个公因子较合适，符合原本的易感性理论结构。

探索性因素分析的题项筛选标准包括三点：①两因素间题项的负荷值相差0.20以上；②题项的因素负荷不小于0.4；③每个因子至少包含三个题项。根据上述标准，对数据进行多次筛选与因素分析，最终删除题项19项，保留了15个项目。

在进行第二次因素分析时，根据Kaiser（1974）的观点，进行因素分析的 *KMO* 值普通准则至少在0.6以上。本样本的 *KMO* 值为0.788，Bartlett球形检验值达到显著水平，符合因素分析的要求。第二次因素分析求出最终的负荷矩阵，保留4个因素、15个题项，能够解释总变异率的55.442%，因素负荷值介于0.342—0.640之间。

根据中学生学业压力易感性的理论观点，以及因素所辖题项的内容，对四个因素分别进行命名。因素 1 包含 5 个题项，命名为家庭压力；因素 2 包含 4 个题项，命名为学业阻碍；因素 3 包含 3 个题项，命名为自我发展；因素 4 包含 3 个题项，命名为未来成就。如表 2–13 所示：

表 2–13　学业压力易感性问卷的因素负荷表

题项	因素 1	因素 2	因素 3	因素 4	共同度	特征值	解释率（%）
题 28	0.785				0.625	2.786	18.573
题 30	0.747				0.578		
题 29	0.736				0.598		
题 36	0.663				0.465		
题 35	0.661				0.481		
题 13		0.767			0.617	2.108	14.055
题 24		0.735			0.602		
题 12		0.681			0.527		
题 23		0.576			0.472		
题 18			0.785		0.639	1.767	11.779
题 26			0.733		0.579		
题 9			0.477		0.342		
题 1				0.759	0.599	1.655	11.036
题 5				0.719	0.640		
题 3				0.656	0.552		

2. 问卷的信效度分析

（1）信度检验

信度是指量表的可靠性，内部一致性信度也称同质信度，考察量表内所有项目的一致性程度，常用的检验信度的方法为 L. J. Cronbach 所创的 α 系数。总量表 Cronbach α 系数在 0.70 以上，表明量表信度可以接受，本量表的总量表 Cronbach α 系数为 0.769，分量表信度在 0.556—0.773 之间，表明总体信度系数符合统计学标准。如表 2–14 所示：

表 2–14　学业压力易感性问卷的内部一致性分析

变量	家庭压力	学业阻碍	自我发展	未来成就	总分
Cronbach α 系数	0.773	0.629	0.556	0.602	0.769

（2）效度分析

效度代表问卷所测题项是否符合研究目的，即问卷调查的内容的适当程度，以及其得分是否可以表示所测事物的程度。通过学业压力易感性访谈形成题项，质性分析形成维度，说明问卷具有良好的内容效度。其次，通过检验量表各因素之间的相关来验证因素之间的结构效度，在体现问卷量表的同质性时，各个因素的得分应该与总分具有较高的相关，各因素之间的相关应该适当，相关系数在 0.10—0.40 之间较为合适。修订后的问卷各因素与总分的相关如表 2–15 所示：

表 2–15　学业压力易感性各因素之间、因素与总分之间的相关

（*N*=357）	家庭压力	学业阻碍	自我发展	未来成就
家庭压力	--			
学业阻碍	0.332**	--		
自我发展	0.239**	0.109*	--	
未来成就	0.254**	0.133*	0.367**	--
总分	0.799**	0.625**	0.561**	0.597**

注：$p<0.05$*，$p<0.01$**，$p<0.001$***。

由表 2–15 可以看出，修订后的中学生学业压力易感性问卷各因素之间相关在 0.109—0.367 之间，因素相关适中；各因素与总分的相关在 0.561—0.799 之间，且均达到 0.01 的显著水平，结构效度良好。综上所述，表明问卷有较好的效度。

（3）验证性因素分析

通过探索性因素分析及信效度检验，得到了学业压力易感性的正式问卷，共计 15 题，采用六级计分。选取重庆市清华中学 285 名高中生发放正式问卷，回收有效问卷 277 份，回收率 97.2%，其中男生 123 人，女生 154 人。

采用 AMOS21.0 进一步对问卷结构进行验证性因素分析。在本研究中，项目的绝对适配度统计量系采用卡方自由度比（2/ *df* ）、渐进误差均方根（*RMSEA*）两个指标，比较适配度（*TLI*）、增值适配指数（*IFI*）。验证性分析结果显示，2/ *df* 为 1.927，*RMSEA* 为 0.058，根据吴明隆的标准 2/*df* 在 1—2 之间，说明模型有较好的拟合，*RMSEA* 在 0.05—0.08 之间，模型适配度良好。

拟合优度指数（*GFI*）取值 0.929，比较拟合指数（*CFI*）取值 0.904，*TLI* 取值 0.880，*IFI* 取值 0.906，越接近 1，表明观察数据与模型的拟合越好。

验证性因素分析结果如表 2–16 所示。

表 2–16　学业压力易感性问卷模型拟合度指标

样本	χ^2/df	*GFI*	*TLI*	*CFI*	*IFI*	*RMSEA*
277	1.927	0.929	0.880	0.904	0.906	0.058

综上所述，各维度题项分配如下：家庭压力为 11 题、12 题、13 题、14 题、15 题；学业阻碍为 5 题、6 题、8 题、9 题；自我发展为 4 题、7 题、10 题；未来成就为 1 题、2 题、3 题。学业压力易感性四因素模型拟合度较好。统计指标显示，问卷具有较高的结构效度，由 15 个题目构成的四个维度量表模型如图 2–3 所示。

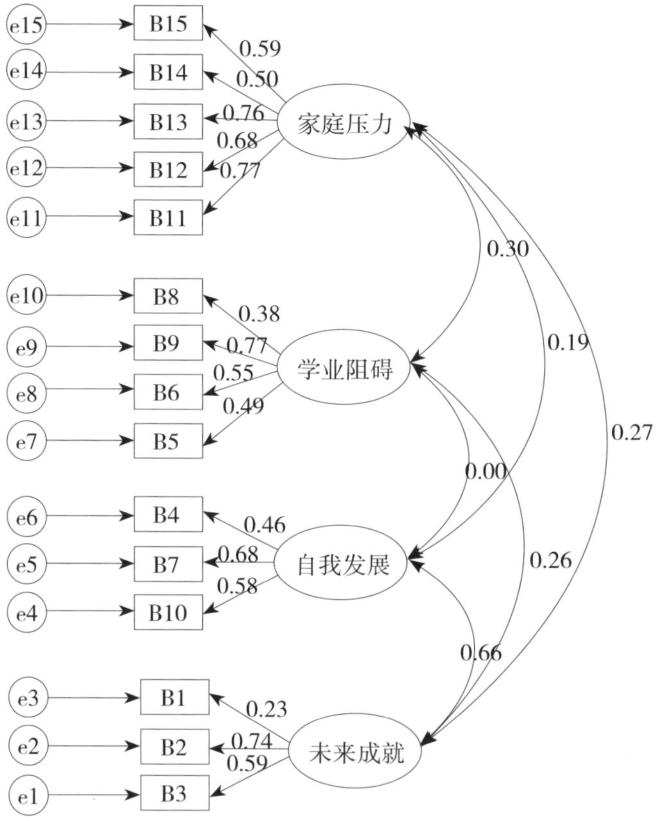

图 2–3　学业压力易感性模型的验证性因素分析

（三）小结

本次修订的中学生学业压力易感性问卷在编制的问卷基础上进行了题项的补充和维度的修订，最后得出学业压力易感性的四个因子结构，分别命名为：①家庭压力：个体的家庭成员对个体学业表现的反馈；②学业阻碍：个体在学业环境中的实际表现水平；③自我发展：个体在学习评估上对自我认识的评判；④未来成就：个体在学习评估上对自身发展的预判。量表采用六点计分，题项共 15 项，量表的信度和效度均符合统计学标准，问卷结构模型拟合良好，可以投入使用。

第三节 中学生学业压力易感性的结构：特质取向

一、问题的提出和理论构建

从易感性的词源含义看来，易感性通常与敏感性、脆弱性、易损伤性等词汇等价使用，而在英文中，易感性同样有 vulnerability、susceptibility 和 sensitivity 等意义相似的词汇，可以看出，易感性在词源上通常包含了易敏感和易损伤这两种含义。而基于这种词源含义，本研究认为中学生学业压力易感性至少包含了两种结构（张伟楠，2017）：

① 对于学业压力源的易敏感性，体现为中学生所能感受到的学业压力刺激阈限比较低，进而产生更高程度的学业压力。

② 对于学业压力源的易受损性，体现为中学生更加容易受到学业压力刺激的伤害，进而产生更高程度的学业压力。

本研究在前人有关学业压力和易感性的相关研究基础上，构建了学业压力易感性的概念和结构，那么中学生学业压力易感性是否真的具有易敏感和易受损两个结构呢？这也是本研究所要探讨的第一个研究问题。而为了解答这一问题，通过编制问卷进而在实证层面上通过问卷的结构来明确学业压力易感性的结构无疑是一种非常好的方法。此外，本研究还假设了中学生学业压力易感性通过通达和放大两种效应机制发生作用，而想要对这两种效应机制进行研究，信效度良好的中学生学业压力易感性研究工具无疑是必不可少的。所以在本研究中，本研究试图编制信效度良好的中学生学业压力易感性问卷，从而为后续研究打下基础。

通过已有压力易感性的研究状况看来，极少数研究者通过人格词汇的方法编制压力易感性问卷，并获得了良好的信度和效度（刘珊珊，2008）。而本研究中的学业压力易感性概念内涵同样主要强调了中学生的人格倾向性，所以可以认为中学生学业压力易感性属于人格易感性的一种，其本质是一种人格特征，而人格词汇是人格特征在文化中最为直观的体现，所以人格词汇能够很好地代表中学生学业压力易感性中的这种人格易感性。

二、中学生学业压力易感性结构的实证研究

（一）中学生学业压力易感性词汇筛选

1. 研究方法

（1）研究被试

研究被试用于对中学生学业压力易感性人格词汇的初步筛选，采用整群抽样的方法在安徽省某市 5 所中学内以班级为单位发放问卷，共计发放问卷 500 份，回收问卷 468 份，问卷回收率为 93.60%，剔除漏答，全问卷仅选择一个答案或者顺序作答的无效问卷后，共计获得有效问卷 451 份，问卷有效率为 96.37%。其中男性中学生 281 人，女性中学生 170 人；七年级 84 人，八年级 95 人，九年级 55 人，高一年级 88 人，高二年级 75 人，高三年级 54 人；重点中学 185 人，普通中学 266 人；城市中学 294 人，农村中学 157 人；班级排名在 10 名之前的 68 人，在 11—30 名之间的 175 人，在 31—50 名的 166 人，在 50 名之后的 42 人。平均年龄 15.52 ± 2.85 岁。

（2）研究工具

本研究主要采用中学生学业压力易感性人格词汇筛选问卷。该问卷主要用于初测中筛选与中学生学业压力易感性相关的人格词语。根据本研究的理论构建，通过专家评定法对刘珊珊（2008）研究中所发现的 72 个压力易感性人格词语的含义进行评定后，将可能导致中学生对学业压力源易敏感或易受损的人格词语予以保留，将与学业压力无关的词汇予以剔除。最终获得了 34 个人格词汇，并根据词汇所代表的人格特征的含义，将 34 个词语归类于易敏感和易受损（如表 2–17 所示）。问卷采用 4 点计分的方式进行计分，1 分表示无影响，2 分表示影响很小，3 分表示影响中等，4 分表示很大。在问卷指导语中，要求被试分别判断 34 个人格词汇所代表的人格特征是否对学业压力有影响以及影响的程度。将某一词语的选择频率以及得分平均分做为筛选该词语的标准（张伟楠，2017）。

表 2–17 初测词汇表

易敏感特质		易受损特质	
害怕的	自责的	忧虑的	自卑的
缺乏安全感的	缺乏斗志的	害羞的	矛盾的
敏感的	不合群的	焦虑的	狭隘的
多虑的	胆小的	脆弱的	自我压抑的
容易紧张的	兴奋的	情绪化的	内向的
被动的	冲动的	消极的	悲观的
急性子的	细心的	自制力差的	软弱的
争强好胜的	依赖的	孤僻的	
多疑的	没有主见的	保守的	

（3）研究程序与统计分析

与被试学校教师取得联系后，将问卷打印装订，采用邮寄的形式将问卷寄给各所学校的老师，并在老师的帮助下以班级为单位进行统一实测。问卷回收完毕后，使用 Excel 表格对数据进行录入与整理，使用 SPSS 19.0 对数据进行统计分析，主要的分析方法包括频次分析、平均值分析等。

2. 研究结果

为了验证本研究筛选出的与中学生学业压力易感性密切相关的人格词语，本研究对被试在各个词语上的回答状况进行了频次和平均值分析，结果如表 2–18 所示。经过与专家商议后，采用以下三个标准进行词汇的剔除：① 中等和很大程度的频率小于无影响和很小的频率；② 词汇平均分显著小于 2 分；③ 最高频率分布在无影响和很小上的词汇。将同时满足以上三个标准的词汇予以剔除，最终剔除了胆小的和保守的两个词汇，将剩余的 32 个词汇用作中学生学业压力易感性问卷的初测题项。

表 2–18　人格词汇频次和均值分析结果

性格特征	无影响（%）	很小（%）	中等（%）	很大（%）	*M*
害怕的	21.9	28.1	28.6	21.4	2.48
缺乏安全感的	36.6	29.9	21.4	12.1	2.09
敏感的	23.2	24.6	31.7	20.5	2.50
多虑的	10.7	17.9	42.0	29.5	2.90
容易紧张的	10.3	19.6	33.5	36.6	2.96
被动的	10.3	23.7	25.9	40.2	2.95
急性子的	18.3	27.3	33.5	21.0	2.57
争强好胜的	25.4	25.6	28.0	21.0	2.51
多疑的	29.9	25.9	26.3	17.9	2.32
自责的	19.2	29.9	36.6	13.8	2.47
缺乏斗志的	10.3	19.2	26.3	44.2	3.04
不合群的	29.9	33.9	23.7	12.5	2.19
胆小的	37.5	32.6	22.3	7.1	1.98
兴奋的	32.1	33.5	21.9	12.5	2.15
冲动的	18.3	33.0	29.9	18.8	2.49
细心的	25.9	15.2	17.0	41.5	2.73
依赖的	16.1	29.9	32.1	21.4	2.58
没有主见的	16.5	26.3	26.8	29.9	2.69
忧虑的	16.1	29.9	32.1	21.9	2.60
害羞的	37.5	28.6	21.0	12.1	2.06
焦虑的	12.1	25.9	29.5	32.1	2.81
脆弱的	29.0	27.7	19.2	23.7	2.37
情绪化的	12.9	20.5	26.8	39.7	2.93
消极的	14.3	16.5	17.9	51.3	3.06
自制力差的	7.6	11.2	18.3	62.1	3.33
孤僻的	33.9	29.5	20.5	15.6	2.17
保守的	37.9	32.6	21.0	8.0	1.98
自卑的	25.4	21.9	29.9	22.8	2.50
矛盾的	21.4	32.1	26.3	19.6	2.43
狭隘的	34.4	27.7	20.1	17.9	2.21
自我压抑的	18.8	19.2	24.6	36.6	2.77
内向的	31.3	34.8	21.9	12.1	2.15
悲观的	21.9	23.7	24.6	29.9	2.63
软弱的	36.6	25.4	20.1	17.9	2.19

（二）中学生学业压力易感性结构探析

1. 研究方法

（1）被试

笔者采用方便抽样的方法，在安徽省某市 5 所中学内进行问卷的发放工作，共计回收问卷 984 份，剔除漏答、只选择一个答案或者顺序作答的无效问卷后，共计获得有效问卷 951 份，问卷有效率为 96.65%。其中男性中学生 557 人，女性中学生 394 人；初一学生 163 人，初二学生 158 人；初三学生 154 人，高一学生 174 人，高二学生 181 人，高三学生 121 人；重点中学学生 332 人，普通中学学生 619 人；城市中学学生 538 人，农村中学学生 413 人；班级排名 10 名之间的学生 143 人，班级排名 11—30 名的学生 380 人，班级排名 31—50 名的学生 369 人，班级排名 50 名以后的学生 59 人；平均年龄 15.23 ± 3.12 岁。在研究中，选择问卷编号为奇数（共计 476 人）的被试用于项目分析和探索性因素分析，剩余的 475 名被试用于问卷信效度检验。

（2）研究工具

① 中学生学业压力易感性问卷（原始版）

在人格词汇筛选的基础上，原始版问卷由 32 个人格词汇组成，采用 likert 5 点计分的方式予以赋值计分，1 分表示完全不符合，2 分表示完全符合，3 分表示不确定，4 分表示比较符合，5 分表示非常符合。在问卷指导语中，要求被试在处于学业压力情境时，对人格词语与自身的符合程度进行判断，根据得分高低来对被试的学业压力易感性水平做出衡量，得分越高，则说明中学生学业压力易感性水平越高。

② 大五人格量表—神经质分量表

从学业压力易感性的内涵看来，其包括了易敏感和易脆弱的人格倾向性，而大五人格中的神经质倾向同样是对于个体敏感和脆弱等特征的描述（Leavitt，Buyukturkoglu，Inglese，Sumowski，2017），所以本研究所构建的学业压力易感性与中学生神经质人格倾向之间必然存在一定的联系，因此本研究选用大五人格量表中的神经质分量表做为学业压力易感性的效度指标之一。该分量表由 12 个项目所组成，采用 likert 5 点计分的方式予以赋值计分，1 分表示十分不赞同，2 分表示不太赞同，3 分表示不确定，4 分表示比较赞同，5 分表示十分赞同。将被试得分的平均分作为衡量被试神经质人格倾向的标准，得分越高，则被试的神经质倾向越高。本研究中，该量表的内部一致性 Cronbach α 系数为 0.76。

③ 中学生学业压力测量问卷

从学业压力易感性的作用看来，其最为直接的作用就是导致中学生的学业压力的产生，因此本研究同样对中学生学业压力进行测量，并以此作为中学生学业压力易感性的效度指标之一。由于现有信效度良好的中学生学业压力问卷均具有较多的题项，所以为了避免被试在作答过程中的不耐烦，本研究使用一个题项“我感受到非常大的学习压力”来对中学生的学业压力做出整体性衡量。该题项同样采用 likert 5 点计分的方式予以赋值计分，1 分表示十分不赞同，2 分表示不太赞同，3 分表示不确定，4 分表示比较赞同，5 分表示十分赞同。被试得分越高，则说明他们的学业压力水平越高。

（3）研究程序与统计分析

为了尽可能地扩大样本范围，本研究将中学生学业压力易感性问卷（原始版）及其对应的校标问卷利用问卷星网站制定为网络问卷，并在各学校老师的帮助下，利用学生家长微信群等形式进行问卷的发放，并要求每个家长将问卷扩散到自己周边同样家有正在读中学的孩子的亲朋好友中，问卷回答时间为一周，到达回答时间后，关闭问卷作答页面。采用 excel 表格对问卷数据进行初步的整理，使用 SPSS 19.0 对数据进行统计分析，主要的统计分析方法包括项目分析、探索性因素分析、验证性因素分析和信度分析。

2. 研究结果

（1）项目分析结果

决断值是衡量问卷项目区分度的重要指标之一，通常将问卷总分得分最高的 27% 的被试划分为高分组，将问卷总分得分最低的 27% 的被试划分为低分组，并使用独立样本 t 检验的方法，比较被试每个项目得分在高分组和低分组中是否具有显著性差异，如果独立样本 t 检验的结果显著，并且 $t>3.00$，则说明该题项可以对被试得分的高低水平做出有效区分（吕遥迪，郭江，张雨青，2016）。本研究同样使用这种方法对原始问卷的决断值进行分析。分析结果表明，“争强好胜”“细心”这两个项目的决断值没有达到显著性的水平，因此可以予以删除；“急性子的”“兴奋的”“多疑的”“冲动的”这 4 个项目的决断值虽然显著，但是 $t<3.00$，因此暂时予以保留，根据后续进一步分析的结果决定取舍。其余项目决断值均达到了显著性的水平，并且 $t>3.00$，因此予以保留。

（2）项目与总分之间的相关

被试在具体项目上的得分与总分之间的相关性代表了该项目与问卷整体的一致性，如果项目与总分之间的相关性显著，并且 $r>0.40$，就可以说明该项目与问卷总体之间具有较好的一致性（吕遥迪，郭江，张雨青，2016）。本研究同样使用 perason 相关分析的方法对项目与总分之间的相关性进行分析，分析的结果表明，“争强好胜的”“细心的”这两个项目的相关系数均在没有达到显著性水平，因此可以删除。“兴奋的”这个项目与总分之间的相关虽然达到了显著性水平，但是 $r<0.40$，因此暂时予以保留，根据其他分析结果来决定取舍。其余项目与总分之间的相关性均在 0.40 以上，因此予以保留。

综合项目分析的结果看来，项目“争强好胜的”和“细心的”在决断值、项目与总分相关以及信度变化程度分析上均没有达到标准，因此予以删除；项目“兴奋的”虽然在信度变化程度上达到了标准，但是在决断值和总分与项目相关的分析上同样没有达到标准，综合考虑后同样予以删除；项目“急性子的”“多疑的”“冲动的”仅在决断值分析上没有达到标准，但是在项目与总分之间相关以及信度变化分析上均达到了标准，综合考虑后予以保留。所以项目分析结果最终删除了“争强好胜的”“细心的”“兴奋的”这 3 个项目，可以对剩余的 29 个项目进行进一步的分析工作。

（3）探索性因素分析结果

① 第一次探索性因素分析

为了明确剩余29个项目的问卷数据是否适合进行探索性因素分析，首先对问卷数据进行*KMO*值和Bartlett球形检验，检验结果表明*KMO*=0.84，Bratlett球形检验度达到非常显著的水平（χ^2=1214.41，*df*=1406，*p*<0.001），因此本研究数据适合进行探索性因素分析。随后，根据本研究中学生学业压力易感性的维度构建，限定仅析出两个因子后进行主成分分析，结果发现两个因子可以解释总变异的48.38%。在此基础上进一步选用最大方差法对因子进行旋转，并限定因子载荷小于0.40的不予以报告（孙晓军，周宗奎，2005），旋转后的因子载荷状况如表2–19所示。可以看出，“没有主见的”“不合群的”这两个项目在两个因子上的载荷均没有达到0.40，因此予以删除后再次对剩余的27个项目进行探索性因素分析。

表2–19 中学生学业压力易感性问卷第一次探索性因素分析载荷表

项目	因子1	因子2
害怕的		0.57
缺乏安全感的		0.52
敏感的		0.65
多虑的		0.72
容易紧张的		0.65
被动的		0.42
急性子的		0.59
多疑的		0.46
自责的		0.58
缺乏斗志的	0.48	0.56
不合群的		
冲动的		0.71
依赖的		0.43
没有主见的		
忧虑的	0.46	0.62
害羞的		0.45
焦虑的	0.57	0.53
脆弱的	0.53	0.50
情绪化的		0.80
消极的	0.50	0.51

续表

项目	因子 1	因子 2
自制力差的		0.65
孤僻的	0.85	
自卑的	0.75	
矛盾的	0.44	0.42
狭隘的	0.79	
自我压抑的	0.77	
内向的	0.78	
悲观的	0.80	
软弱的	0.84	

② 第二次探索性因素分析

首先同样进行 *KMO* 值和 Bartlett 球形检验后发现 *KMO*=0.83，Bratlett 球形检验度达到非常显著的水平（χ^2=1153.44，*df*=1352，p<0.001），因此本研究的数据适合进行探索性因素分析。随后，同样限定仅析出两个因子后进行主成分分析，结果发现两个因子可以解释总变异的 50.58%。在此基础上进一步选用最大方差法对因子进行旋转，并限定因子载荷小于 0.40 的不予以报告（孙晓军，周宗奎，2005），旋转后的因子载荷状况如表 2-20 所示。从表中可以看出，所有项目在因子上的载荷均大于 0.40，因此可以进一步对因子进行命名工作。首先考察没有出现共同载荷的项目。

因子 1 包含了“害怕的”“缺乏安全感的”“敏感的”等项目，从这些项目的内涵看来，其主要强调了个体容易感受到学业压力源的个性特征，因此根据理论构建可以将因子 1 命名为“易敏感特质”。

因子 2 包含了“孤僻的”“自卑的”“狭隘的”等项目，从这些项目的内涵看来，其主要强调了个体容易受到学业压力源伤害的个性特征，因此根据理论构建，可以将因子 2 命名为“易受损特质”。

进一步的对具有双载荷的项目内涵和载荷高低进行考察，根据项目内涵和载荷高低将“缺乏斗志的”“忧虑的”“消极的”归为易敏感特质，将“焦虑的”“脆弱的”“矛盾的”归为易受损特质。最终获得包含 27 个项目、两个维度的中学生学业压力易感性正式问卷。

表 2-20　中学生学业压力易感性问卷第二次探索性因子分析载荷表

项目	因子 1	因子 2
害怕的	0.57	
缺乏安全感的	0.52	
敏感的	0.66	
多虑的	0.72	
容易紧张的	0.65	
被动的	0.43	
急性子的	0.59	
多疑的	0.47	
自责的	0.59	
缺乏斗志的	0.57	0.48
冲动的	0.71	
依赖的	0.43	
忧虑的	0.63	0.45
害羞的	0.45	
焦虑的	0.54	0.57
脆弱的	0.50	0.52
情绪化的	0.80	
消极的	0.52	0.50
自制力差的	0.65	
孤僻的		0.85
自卑的		0.75
矛盾的	0.43	0.43
狭隘的		0.79
自我压抑的		0.78
内向的		0.77
悲观的		0.81
软弱的		0.84

表 2-21　第二次探索性因素分析结果（特根值和贡献率）

成分	特根植	贡献率 %	累积贡献率 %
1	10.62	39.32	39.32
2	3.15	11.26	50.58

（4）问卷信度分析

信度是指问卷的稳定性和可靠性，通常包含衡量问卷项目是否具有一致性的内部一致性信度、衡量问卷跨越时间稳定的重测信度、衡量问卷分半后两半之间一致性的分半信度等。本研究选用内部一致性信度（Cronbach α 系数）和分半信度（r）两个指标做为衡量中学生学业压力易感性问卷信度的标准。分析结果如表 2–22 所示。从表中可以看出，中学生学业压力易感性维度和全问卷内部一致性信度在 0.90 以上，分半信度在 0.80 以上，均达到了信度良好的标准（郑日昌，1999），说明了本研究编制的中学生学业压力易感性问卷具有良好的信度。

表 2–22　中学生学业压力易感性问卷信度分析结果

	易敏感特质	易受损特质	全问卷
Cronbach α 系数	0.91	0.92	0.94
分半信度 *r*	0.85	0.88	0.84

（5）问卷效度分析

效度是指问卷的有效性，通常包含内容效度（问卷所测量的内容是否与想要测量的内容具有一致性）、结构效度（问卷所具有的结构与理论构建中的结构具有一致性）、问卷校标效度（问卷所测量的内容与现实实际情况之间的一致性），本研究同样通过这三种效度指标对中学生学业压力易感性问卷的效度进行检验。

① 内容效度

在问卷编制之初，初测项目的选择严格按照本研究所构建的中学生学业压力易感性内涵和结构进行，并且经过了 1 名心理学教授和多名心理学研究生的主观评定后，一致认为问卷项目与中学生学业压力易感性的内涵十分吻合。因此可以认为本研究的问卷内容可以有效测量出中学生学业压力易感性的状况，具有良好的内容效度。

② 结构效度

使用验证性因素分析的方法对中学生学业压力易感性问卷的结构效度进行检验，使用 AMOS 22.0 构建验证性因素分析模型，并使用最大似然法对模型拟合状况进行检验后发现模型拟合良好（χ^2/df=3.23，*GFI*=0.95，*PGFI*=0.92，*NFI*=0.91，*CFI*=0.93，*RMSEA*=0.07），具体标准化回归路径系数如图 2–4 所示。因此可以说明本研究的中学生学业压力易感性问卷确实是由易敏感特质和易受损特质两个维度构成的，结构效度良好。

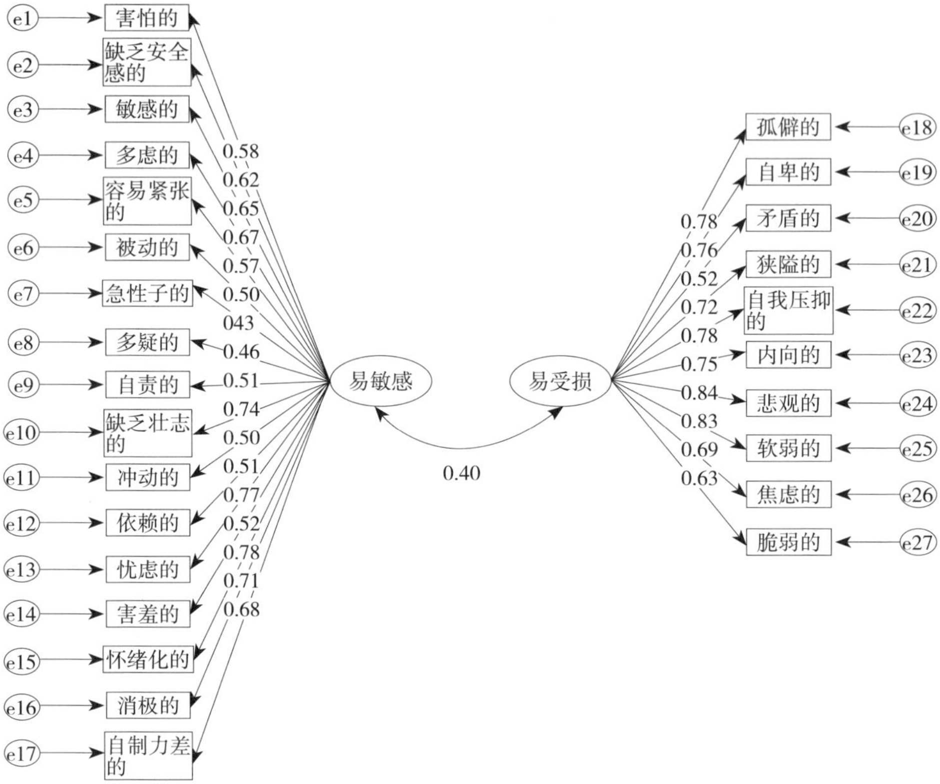

图 2–4　中学生学业压力易感性问卷验证性因素

③ 校标效度

采用 perason 相关分析的方法对中学生学业压力易感性问卷上的得分和神经质得分、学业压力得分之间的相关性进行分析，据此来考察中学生学业压力易感性的校标效度。分析的结果如表 2–23 所示，从表中可以看出，易敏感、易受损以及学业压力易感性总分与神经质之间具有十分显著的正相关关系（r=0.63、0.57、0.66，p<0.001），与学业压力之间同样具有十分显著的正相关关系（r=0.56、0.36、0.50，p<0.01），因此可以说明本研究中学生学业压力易感性问卷所测量的内容与被试的实际情况具有一致性，所以本研究中的中学生学业压力易感性问卷具有良好的校标效度。

表 2-23 中学生学业压力易感性校标效度检验结果

	M ± SD	1	2	3	4	5
易敏感	2.99 ± 0.77	1				
易受损	2.50 ± 0.92	0.63***	1			
学业压力易感性	2.75 ± 0.76	0.89***	0.92***	1		
神经质	2.96 ± 0.65	0.63***	0.57***	0.66***	1	
学业压力	3.34 ± 1.14	0.56***	0.36**	0.50***	0.49***	1

3. 讨论

为了编制出信效度良好的中学生学业压力易感性特质问卷，本研究首先对中学生学业压力易感性的相关人格词汇能否影响到其学业压力进行了筛选，在此基础上形成了中学生学业压力易感性的初测问卷，并通过项目分析、探索性因素分析和信效度分析的方法对初测问卷题项进行了进一步的筛选与信效度检验，最终获得了信效度良好的、由 27 个项目所组成的中学生学业压力易感性正式问卷。

从词汇筛选来看，本研究在内涵构建上将中学生学业压力的易感性定义为个体固有的人格和认知倾向性，认知倾向性本来就可以涵盖在人格之内，所以中学生学业压力易感性的本质应当是一种人格特征。在人格特征的研究中，词汇法是一种经典的研究方法，被多个研究证实能够很好地对人格特征进行测量。所以本研究同样使用了词汇法作为中学生学业压力易感性的研究方法，并根据研究理论构建易敏感和易受损两个维度，从主观上对已有研究中的压力易感性人格词汇进行筛选，而为了保证主观筛选的词汇与中学生学业压力之间具有联系性，本研究进行了初步的问卷测试，结果证实了本研究所筛选出的人格词汇中仅有两个不能对中学生学业压力产生较高影响，所以主观筛选出的 32 个词汇可以用于中学生学业压力易感性初测问卷。

在将中学生学业压力易感性问卷正式研究对象按照奇偶顺序进行分半后，首先使用奇数的一半对中学生学业压力易感性问卷进行项目分析和探索性因素分析，获取结果后在项目分析中删除了 3 个项目，在探索性因素分析，删除了 2 个项目后，剩余的 27 个问卷项目在两个因子上具有比较明确的载荷，因此根据理论构建，本研究将两个因子分别命名为了“易敏感”和“易受损”。在此基础上，使用另一半被试就问卷信效度进行检验后，证实了27个项目所组成的中学生学业压力易感性问卷有着良好的信度和效度，所以本研究所编制的中学生学业压力易感性问卷最终由27个项目所组成，包含易敏感和易受损两个维度，其中易敏感包含了“害怕的”“缺乏安全感的”“敏感的”等17个项目，而易受损包含了“孤僻的”“自卑的”“狭隘的”等10个项目，证实了本研究的假设，即中学生学业压力易感性由易敏感和易受损两个结构所组成。

与已有研究者编制的压力易感性人格词汇问卷相比（刘珊珊，2009），本研究所编制的中学生学业压力易感性问卷将压力限定为学业压力，所以在项目和维度上有所不同，更加具有针对性。而与过去仅有的一篇同样编制了中学生学业压力易感性问卷的研究相比，过去的研究所编制的中学生学业压力易感性问卷更加注重压力源，而不是中学生自身的人格特征（袁娅婷，2015），这在一定程度不符合中学生学业压力易感性的内涵，所以其编制的中学生学业压力易感性问卷与中学生学业压力之间的相关性接近0.90（袁娅婷，2015），存在混淆了中学生学业压力和学业压力易感性的嫌疑，校标效度不佳。本研究所编制的中学生学业压力易感性问卷，更加注重中学生自身的人格特征，所以更加符合中学生学业压力易感性的内涵，并且与学业相关性在0.50左右，说明了本研究所编制的问卷对学业压力易感性和学业压力做出了较为有效的区分，因此本研究所编制的中学生学业压力易感性问卷校标效度更优，能够更为有效地对中学生学业压力易感性做出测量。

第三章　中学生学业压力易感性的效应机制

学业压力易感性的功能效应当然与学业压力易感性的概念内涵和结构特征相关。正如前面所述，本书提出的压力易感性与过去的疾病易感性概念有联系，又有区别。因此，本章先综述易感性功能的有关理论，然后再通过理论分析和实证研究探讨压力易感性（主要来自中学生学业压力的证据）功能效应。

第一节　压力易感性效应机制的理论分析

基于天性—教养交互作用或者遗传基因—环境影响交互作用这种基本的认识框架，心理学家在探讨个体的行为特征、心理发展以及心理健康、幸福和成功等终极性心理和行为状态的影响因素时，都会寻找来自个体自身的某些易感性因素。换句话说，个体自身的某些易感性特征是导致特定心理和行为后果的重要影响因素，譬如神经质人格是导致焦虑和抑郁的重要因素，过低的宜人性人格特质是导致自恋的重要因素。而关于易感性的功能效能的理论解释，最经典是素质—压力模型（the diathesis-stress model），而近年来，研究者又提出了差别易感性模型（differential susceptibility model），下文将对此进行综述和比较。

一、素质—应激模型

（一）素质—压力模型的基本观点

“素质（diathesis）”词源为希腊语中的倾向（disposition），通常指个体先天内在的生物或遗传特征（如气质、神经系统的敏感性、基因等）。素质—压力模型最初由心理学家 Bleuler（1963）和 Rosenthal（1963）于 20 世纪 60 年代在有关精神分裂症的研究中提出的。其基本观点是，携带某种“风险”（risk）或者“易感”（vulnerability）基因的个体更容易因受到不良环境因素的影响而产生心理或行为问题，即“问题”的产生是由个体的易感素质和消极环境经历交互作用的结果，因此该模型又被称为双重风险模型（dual-risk model）（Sameroff，1983）。于是有研究者将易感性概念界定为“个体固有的、容易导致心理障碍产生的先天生理因素和认知、人格等心理因素的综合体”（Monroe，Simons，1991）。在该理论模型的影响下，早期的素质 - 环境交互作用研究主要关注童年期负性经历（Caspi et al.，2002）、压力性生活事件（Caspi et al.，2003）、早期创伤（Frazzetto et al.，2007）等消极环境因素与个体易感素质对精神分裂症（Walker，Diforio，1997）、高孤独感（Niels Van der Aa、2009）、反社会行为（Caspi et al.，2002）、攻击（Frazzetto et al.，2007）、抑郁（Caspi et al.，2003；Taylor et al.，2006）等心理或行为问题的影响。具有代表性的研究有，Niels Van der Aa 等人（2009）考察了青少年日常互联网的使用与低幸福感（包括孤独、低自尊、抑郁情绪等）的关系之间，大五人格不同倾向的作用，研究结果发现青少年日常互联网使用通过 CIU（强迫性网络使用）间接与其低幸福感体验相关，并且日常互联网使用与 CIU（强迫性网络使用）的相关性对于大五人格的内倾型、低宜人性，以及情绪不稳定性的青少年更高。同样，CIU（强迫性网络使用）与孤独感的相关性对于上述三类人格倾向的青少年更高。

（二）易感性的作用机制

在医学领域中，为了说明易感性导致疾病发生的作用机制，研究者构建了易感性—应激交互作用模型这一基本理论框架，强调了个体易感性（先天生理因素）和环境应激（容易导致某种疾病发生的环境）之间相互作用进而导致了疾病的发生。而在心理学的研究领域中，研究者同样沿用了医学领域中的易感性—应激模型对易感性在某种心理障碍产生中的作用进行了解释，认为个体易感性（生理因素、心理因素）与外在刺激（主要是生活压力事件）的相互作用进而导致了某种心理障碍的产生（Heim，Nemeroff，1999；Monroe，Simons，1991）。

在上述解释易感性发生作用的基本理论框架下，心理学研究者为了更好地解释易感性导致心理障碍发生的机制，同样基于认知和人格的视角构建了大量的理论模型，而这些研究主要集中在抑郁易感性上。

1. 抑郁的人格易感性理论

该理论主要是从个体人格易感的角度解释了易感性发挥作用的机制，强调了个体人格特征做为易感性在抑郁产生过程中的作用。该理论认为，容易导致个体抑郁症状发生的人格易感因素主要有两种，即社会性依赖和自主（Beck，1991）。其中社会性依赖主要指个体需要良好的人际关系的持续反馈来维持自我价值感，所以社会性依赖倾向比较高的个体，会更多地将资源投入到社会人际交往中，而一旦他们处于投入资源过后仍然无法保持良好人际关系的社会环境中，那么就会产生失落感，进而导致抑郁的产生（徐华春，黄希庭，柳春香，程科，2009）；自主则与社会性依赖相反，指个体需要维持自己的独立并对外界环境形成掌控，所以自主倾向比较高的个体，会更多地将资源投入到维持自己的目标获取和环境掌控中，而一旦处于目标无法达成或者无法掌控的环境之中，那么就会形成自我目标与现实环境的冲突，进而导致抑郁的产生（杨波，黄希庭，1997）。从上述内容可以看出，抑郁的人格易感性理论主要强调了人格特征作为易感性因素与环境交互作用进而导致抑郁的发生，即具有社会性依赖或自主人格倾向的个体，当他们遭遇无法满足自身社会性依赖或自主的压力刺激时，就会导致抑郁的产生。

2. 抑郁的认知易感性理论

抑郁的认知易感性理论强调了个体消极认知倾向作为易感性在抑郁产生中的重要性（高华，彭新波，2009）。该理论又可以分为自我图式模型、习得无助模型、绝望模型、双重加工模型等。其中自我图式模型认为，个体早期不良经验和观念导致了个体形成了消极的自我图式，进而导致个体在进行认知的过程中倾向于采用消极、错误的方式进行认知，而这种错误的认知方式作为易感性，与外界压力刺激相互作用，进而导致了个体抑郁的产生（Beck，1991）；习得无助模型认为个体在长时间经历挫折事件以后就会形成习得无助的倾向，即倾向于对自身的失败进行内部可控归因。这种习得无助倾向作为易感性与外界压力刺激相结合，就会导致个体抑郁的产生（Seligman，Maier，1967）；绝望模型认为绝望认知倾向指个体将好的事情认知为不可能发生，但是将坏的事情认知为一定会发生的消极认知倾向，这种绝望认知倾向作为易感性，与外界压力刺激相结合，就会导致抑郁状况的产生（Abramson，Metalsky，Alloy，1989）；双重加工模型则认为个体具有联想加工和反思加工认知加工方式，前者是自动的，消耗的认知资源比较少，而后者则需要投入大量的认知资源（Smith，De Coster，2000）。当个体的联想加工倾向于进行消极认知，而反思加工又没有对这种消极认知做出有效矫正的话，那么个体的这种消极认知就会与外界压力刺激相结合，进而导致抑郁的产生（Beevers，2005）。

除了上述所论述的针对抑郁易感性的理论之外，也有少数研究者构建了解释焦虑等其他心理障碍易感性作用机制的理论（唐海波，邝春霞，姚树桥，2008）。而综合看来，基于医学领域易感性—应激相互作用进而导致疾病产生的基本理论，心理学研究者同样从人格易感性和认知易感性两个角度对易感性在抑郁、焦虑等具体心理障碍产生过程中的作用机制进行了探讨，并且较好地解释易感性在抑郁等具体心理障碍产生中的作用。

二、差别易感性模型

（一）差别易感性模型（differential susceptibility model）的基本观点

近年来，越来越多的研究开始关注积极环境因素对个体发展的影响，Belsky 在素质—应激模型的基础上指出，高易感性个体在积极的环境中能够获得比低易感性个体更好的发展（Belsky，1997，2005）。在他看来，由于某遗传的个性特征或者基因的影响，那些容易受到消极环境影响而表现出心理或行为问题的个体，也容易受到积极环境的影响而表现优秀或良好，即同一遗传特征或基因同时具有使个体变得更好（for better）或者更坏（for worse）的效应。

（二）差别易感性模型与素质—应激模型的比较

为了更好地体现两个理论模型的根本区别，我们分别使用两个坐标图将素质—应激模型和差别易感性模型描绘出来。素质—应激模型（如图 3–1 所示）只明确提出，该模型适用于消极到中性环境范围，因此横坐标表示个体的经历 / 环境质量从消极到中性，纵坐标表示个体从消极到积极的发展结果，直线代表高心理弹性个体，虚线代表脆弱性个体。当脆弱性个体和高心理弹性个体暴露于相同的消极环境中时，脆弱性个体比高心理弹性个体更易产生问题行为，且环境条件越恶劣，发展结果越差（Bakermans-Kranenburg et al.，2007）。

差别易感性模型（如图 3–2 所示）中的横坐标表示经历 / 环境质量从消极到积极，纵坐标表示个体从消极到积极的发展结果，直线代表低易感性个体，虚线代表高易感性或可塑性个体。当高、低易感性的个体都暴露于相同的消极环境中时，高易感性个体更易产生问题行为，但在支持性或资源丰富的环境中，高易感性个体比低易感性个体明显获益更多，产生更积极的发展结果。

综上，我们可看出低易感性（即高心理弹性）可被视为一种保护性因素，虽然可以使个体在逆境中免受伤害或较少地受到负面影响，但却使他们因为缺少环境易感性，难以抓住有利机遇，不易在支持性环境中有最好且最快的发展。同时，虽然高易感性（即脆弱性）作为一种风险素质，使得个体更易被逆境压垮，却也是个体受益于积极环境的最大优势，使他们能最快速地抓住并利用社会资源和外界提供的机会。需要强调的是，差别易感性模型并不是对素质—应激模型的反驳，更不是证明素质—应激模型在理论和实证上是无用的，而是对素质—应激模型的扩展和补充。

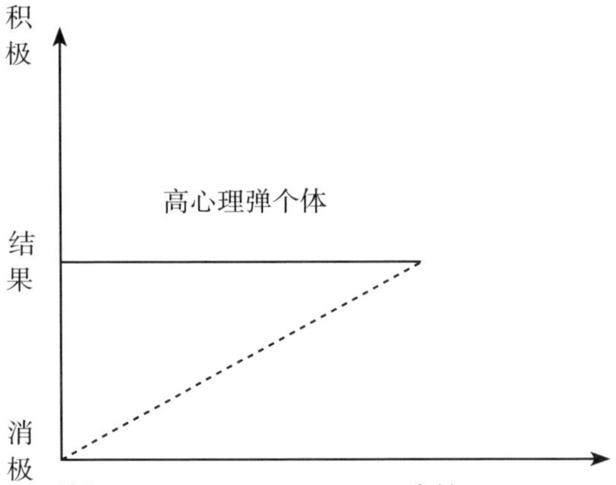

图 3–1　素质—应激模型

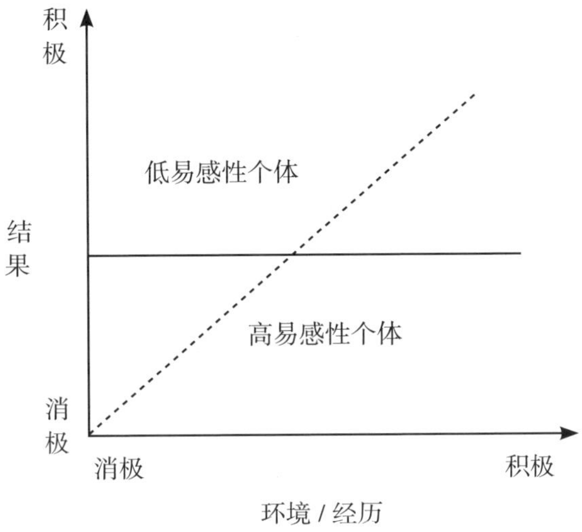

图 3-2　差别易感性模型

（三）差别易感性模型的理论解释

差别易感性模型的提出者 Belsky（1997，2005）基于进化论的思想对基因和环境的具体交互作用做出了全面解释；同时，它也是在世纪之交倡导研究人的积极心理品质的积极心理学思潮兴起的历史背景下提出的，因此二者之间应该有着必然的联系。这些理论都强调不同个体具有不同的易感性或可塑性，环境对人类发展的影响受到机体自身特质的调节作用，也更加关注环境中的积极因素对个体发展的影响。

1. 生物进化论的相关观点

从生物进化论的观点出发，为差别易感性提出理论上的依据，可以分别从自然选择和环境适应的角度来充分论证，个体对环境具有不同的易感性，并且高易感性个体对积极环境和消极环境都有更高的敏感性。

首先，自然选择不只塑造了生物的生存，还塑造了生物的繁衍，使得个体以不同比例传递着自己的基因。这个过程中产生了繁衍适宜度（reproductive fitness）最大化的问题，是指个体基因能在后代中最大化地传递，也就是使个体被自然选择所淘汰的后代数量降到最小。因此，根据进化论观点，繁衍适宜度大的个体就会根据优胜劣汰的进化法则受到自然选择的优待。虽然自然选择使有机体的基因成功地分散在后代中，而未来是不确定的，父母完全不知道什么样的教养方式会使繁衍适宜度最大化。假设父母生育的后代有相同的易感性，那么如果父母的教养策略（家庭环境）并不适合当前的整个生态环境，那么他们的后代都会因不适应环境而遭受被淘汰的命运。面对这种情况，自然选择为了减少这种错误所导致的巨大损失，减少环境的不确定性带来的风险，因此就要使他们的后代多样化。孩子对父母的养育方式有不同的易感性，才会在一定程度上使父母的繁衍适宜度最大化。如果当前环境下父母的教养方式被证明是对孩子不利的，那么易感性高的孩子会受到影响，但易感性较低的孩子则不会。同理，如果父母的教养方式在当前环境下被证明对是孩子有利的，那么高易感性儿童会受到这种教养策略的积极影响，而较低易感性的兄弟姐妹也能分享到这种易感性基因的50%，他们可能生出高易感性的孩子，从而间接受益于父母的教养策略。总之自然选择让人类对养育环境产生不同的易感性，同一对父母会生育出不同易感性的儿女。重点强调先天遗传的作用使得个体面对相同的环境具有不同的易感性（Belsky，2005）。

其次，在进化的每个阶段，人类所面对的环境是不同的，在生存威胁更普遍的过去，高易感性个体对环境具有更高的应激反应力，对危险有更高的警戒，会做出更好的准备去积极主动地战胜危险，从而有更高的环境适应能力，提高了自身的生存和繁殖能力。同时，对于那些生长在支持性环境中的幸运儿来说，因为最大化的发展才是适应性的，因此个体只有具有高应激反应性，才能对社会资源和外界支持具有较高的敏感性，提高自身能力和社会竞争力。因此，这种高反应性个体会受到自然选择的优待，因为只有他们才可以在极端恶劣的条件中生存下来，并且在优越的环境中有最好发展。因此，高压力性和高保护性环境都会塑造出大量对环境具有高生物敏感性的个体，提高人类生存和繁衍的能力。

极端环境确实会塑造一部分易感性个体，但是环境并不都是极端恶劣或高保护性的。低反应性的个体同样会受到自然选择的优待，因为在最广泛的中等程度压力的环境下，低生物敏感性会给人类提供一种保护功能，如高心理弹性一样，使机体控制或过滤高频率出现的中等水平的压力；例如高生理反应性不再适应现代文明社会的需求，因为现代人类主要面对着中等程度的社会和心理压力，因此易感性个体长期或频繁过度的生理激活会破坏身心健康。

综上，生物进化论分别从自然选择造就遗传导致个体易感性的差异，以及不同条件件的生态环境塑造了个体不同的敏感性两个角度，证明个体发展的可塑性也是存在差异的，高易感性个体在积极环境中确实更具可塑性；并且他们对消极环境和积极环境有不同的易感性，有力地支持了差别易感性模型的提出。

2. 积极心理学的理念和倡导

积极心理学是心理学领域的一场革命，也是人类社会发展史中的一个新里程碑，是一门从积极角度研究传统心理学所研究的问题的新兴科学。积极心理学作为一个研究领域，它的形成以 2000 年 1 月《积极心理学导论》的出版为标志。它采用科学的原则和方法来研究幸福，倡导心理学的积极取向，以研究人类的积极心理品质、关注人类的健康幸福与和谐发展。积极心理学所倡导关注的内容，其中有一项就是积极社会环境的研究，例如马斯洛、罗杰斯等人关于成长环境与儿童心理健康关系的论述，认为儿童的周围环境和教师、同学、朋友提供最优的支持、关注和选择时，他们就最有可能健康成长和自我实现。相反，当父母和权威者不考虑孩子的独特观点，或者只有在他们符合一定的标准才给予被爱的信息的话，那么这些孩子就容易出现不健康的情感和行为模式。

所以，差别易感性模型的提出让研究基因—环境交互作用问题的视角，从关注易感性个体面对消极环境和不利刺激时的不良后果，转向他们在积极环境下具有更好的可塑性和发展结果，强调积极社会环境等的作用，这是积极心理学所提倡的，增进了差别易感性模型的研究意义和价值。

三、评价与展望

（一）两个模型的评价

素质—应激模型强调只对消极因素反应的易感性因素的消极效应，差别易感性模型则强调易感性素质的双重效应机制。相比而言，差别易感性模型巧妙地化解了先天与后天之争，强调二者对个体心理和适应发展的交互作用，同时对素质—应激模型忽视积极环境因素、对易感性个体的重要影响作用作了完善，为心理学领域研究易感性提供了新的研究范式与方向，同时在临床治疗中也具有重要影响。不过，两种模型也有以下特点：第一，两者均是基于疾病易感性概念探讨易感性概念的效应机制，即探讨易感性素质与具体疾病的关系及其内在的致病机制。第二，两个都没有对易感性素质进行详尽的探讨，然后进一步探讨易感性素质内部成分的作用机制。

（二）压力易感性效应机制研究构想

本研究提出与疾病易感性不同的压力易感性概念，即压力易感性是个体容易感受到压力刺激的影响，引发压力感，可能导致适应不良症状的心理特质因素。压力易感性与疾病易感性的区别在于：前者是指个体对压力刺激的易感性，旨在揭示易感性的压力刺激特异性机制；后者是指个体对特定疾病的易感性，旨在揭示易感性的疾病特异性机制。综合起来，本研究不妨大胆地假设：特异性的压力刺激启动个体的压力易感性，引发综合性适应症候群，综合性适应症候群又启动疾病易感性模式，导致具体的身心疾病。

从第二章可以看到，中学生的学业压力易感性至少包含两种成分，即易敏感性和易受损性。对学业压力的易敏感性是指中学生感受学业压力刺激的阈限比较低，从而更容易导致更高程度的学业压力反应；对学业压力的易受损性是指中学生更加容易受到学业压力刺激的伤害，进而产生更强烈的学业压力反应。

而基于中学生学业压力易感性的两种结构看来，中学生学业压力易感性在学业压力源导致学业压力产生的过程中，主要依赖以下两种效应机制：

1. 通达效应

针对学业压力易感性所具有的易敏感结构来看，易敏感强调了中学生对于学业压力源的阈限较低。而之所以会更加容易感受到学业压力源，可能是中学生学业压力易感性会促使中学生更加关注学业压力源信息，从而使得学业压力源信息更多地进入到中学生信息加工系统，进而导致中学生产生更强烈的学业压力。这种使得中学生更加关注学业压力源信息的学业压力易感性效应就可以称为通达效应。

2. 放大效应

针对学业压力易感性所具有的易受损结构来看，易受损性强调了中学生更加容易受到学业压力源的伤害。而之所以会更加容易受到这种伤害，除了对学业压力源信息的通达之外，中学生学业压力易感性还会使得中学生感受到压力源以后，可能会将压力源进行主观上的放大，从而导致学业压力的出现，而这种导致学业压力源放大的学业压力易感性效应就可以称为放大效应。

基于以上所述，本研究将中学生学业压力易感性结构划分为易敏感和易受损两种，并将其效应机制同样划分为通达效应和放大效应两种（如图 3–3 所示）。

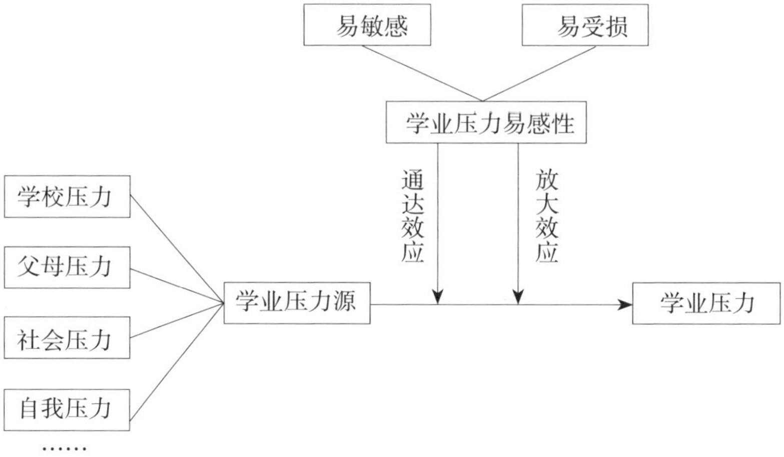

图 3–3 学业压力易感性效应机制模型图

第二节　中学生学业压力易感性的通达效应

在本节中，我们先通过实验设计探讨压力易感性的通达效应。本实验拟使用 stroop 研究范式，从注意偏向的角度证实通达效应是中学生学业压力易感性发挥作用的机制。

一、研究方法

（一）研究被试

1. 预实验被试

预实验被试主要用于实验材料的筛选，在台州市某中学随机抽取 20 名中学生做为预实验被试。

2. 正式实验被试

采用方便抽样的方法抽取台州市某中学在校中学生做为研究被试，共计有 126 名中学生参与了研究，其中 9 名中学生因反应时间过长或过短、错误率大于 10% 予以剔除，最终获得了有效研究被试 117 人。其中男性中学生 62 人，女性中学生 55 人；七年级学生 22 人，八年级学生 24 人，九年级学生 14 人，高一年级学生 22 人，高二年级学生 21 人，高三年级学生 14 人；班级排名在 10 名以前的 21 人，班级排名在 11—30 名之间的 35 人，班级排名在 31—50 名的 50 人，班级排名在 50 名以后的 11 人；平均年龄 15.34 ± 3.01 岁。所有被试均没有色盲症状，视力或矫正视力正常，且无参加类似心理学实验的经验。

（二）研究工具

1. 中学生学业压力易感性问卷

该问卷属于本研究自编问卷，问卷由 27 个项目组成，包含易敏感和易受损两个维度，问卷采用 likert 5 点计分的方式予以赋值计分，1 分表示完全不符合，2分表示完全符合，3分表示不确定，4分表示比较符合，5分表示非常符合。在问卷指导语中要求被试对人格词汇与自身的符合程度进行判断，根据得分高低来对被试的学业压力易感性水平做出衡量，得分越高，则说明中学生学业压力易感性水平越高。研究一证实了该问卷具有良好的信度和效度（张伟楠，2017）。

2. 20个学业压力相关词汇和20个中性词汇

通过对新华字典的查找，选取了40个与学习相关的词汇和40个与学习无关的词汇，所有词汇均为双字名词或形容词。词汇选取完成后，要求预实验被试就该词汇与学业压力的相关程度做出1—7级的评价，1表示不相关，7表示非常相关，以20名预实验被试对词汇评价的平均分为标准，选取得分最高的20个词汇做为学业压力相关词汇（考试、作业、学习等），得分最低的20个词汇做为中性词汇（开始、主题、世界等）（如表3-1所示），将这40个词汇分别标记为红、黄、蓝三种颜色，字体调整为宋体初号加粗，以此作为实验的证实材料。

表3-1 研究三预实验研究材料筛选结果

学业压力相关词汇						中性词汇					
词汇	M	词汇	M	词汇	M	词汇	M	词汇	M	词汇	M
考试	6.35	课堂	5.43	数学	3.61	功能	1.12	软件	0.62	牙膏	0.00
作业	6.18	作文	5.31	语文	3.51	电影	1.08	网络	0.61	牙刷	0.00
学习	5.98	英语	5.25	课表	3.43	新闻	1.06	技术	0.57	杯子	0.00
成绩	5.96	批评	5.16	课时	3.26	帮助	1.02	北京	0.53	柜子	0.00
名次	5.95	上学	4.98	学历	3.11	爱好	0.98	国家	0.50	电话	0.00
失败	5.84	功课	4.64	学籍	3.09	比赛	0.95	方式	0.42	电脑	0.00
班级	5.81	讲台	4.59	课文	3.00	游戏	0.86	开始	0.35	衣服	0.00
竞争	5.76	中考	4.52	尺子	2.98	生活	0.82	主题	0.35	裤子	0.00
老师	5.74	高考	4.33	同桌	2.87	运动	0.81	世界	0.32	杯子	0.00
学校	5.70	校长	4.31	课程	2.86	决定	0.78	电视	0.28	电灯	0.00
升学	5.61	水笔	4.12	学期	2.75	规划	0.74	筷子	0.00	个人	0.00
上课	5.60	书包	3.95	学业	2.64	服务	0.71	锅盖	0.00	经济	0.00
同学	5.58	课桌	3.81			中国	0.69	扫帚	0.00		
课程	5.54	黑板	3.72			信息	0.64	台布	0.00		

（三）研究程序

在预实验对实验材料筛选完毕后，正式实验采用2×2混合实验设计，组间变量为学业压力易感性（高、低），组内变量为词汇类型（学业压力相关、中性），因变量为被试对词汇颜色的反应时。在实验开始前，要求所有实验被试完成中学生学业压力易感性问卷，随后要求被试完成 Stroop 正式实验程序。正式实验程序利用 e-prime 软件在电脑上进行呈现，首先在电脑屏幕中央出现探测点“+”500ms，紧接着随机地呈现不同词汇，要求被试进行按键操作，判断词汇颜色，红色按“1”键，黄色按“2”键，蓝色按“3”键，为了避免顺序效应，小组间词汇呈现顺序及按键顺序均采用拉丁方平衡设计。被试按键后词汇刺激会马上消失，若无按键反应，刺激在呈现 1200ms 后自动消失，两个词汇呈现时间之间的间隔为 1500ms，所有词汇呈现一轮后实验结束。为了保证被试完全理解实验操作要求，在实验开始之前要求被试进行 20 个词汇的练习，在被试理解操作要求后，跳转进入正式实验。整个实验持续时间大约为 10 分钟，所有被试完成实验后，对本次实验的研究目的做出简单解释，并发放纸笔作为纪念品。

（四）统计分析

将实验所得数据进行整理，剔除反应时在 250ms 以下或 1000ms 以上、回答错误率在 10% 以上、反应时超出三个标准差的错误数据后，对剩余数据进行进一步的统计分析工作。使用 SPSS 19.0 进行统计分析工作，主要的统计分析方法包括独立样本 t 检验、多因素方差分析等。

二、研究结果

（一）分组有效性检验

本研究中，根据 117 名被试在中学生学业压力易感性问卷上的得分，将得分较高的 59 人划分为高学业压力易感性组，将得分较低的 58 人划分为低学业压力易感性组。为了明确高、低学业压力易感性组在学业压力易感性上的确具有差异性，本研究首先使用独立样本 t 检验的方法对高、低学业压力易感性组的得分进行比较，比较结果如表 3–2 所示。从表中可以看出，高学业压力易感性组和低学业压力易感性组的学业压力易感性得分之间具有显著性的差异（t=5.65，p=0.00），具体表现为高学业压力易感性组的得分显著高于低学业压力易感性组的得分，因此可以说明本研究通过中学生学业压力易感性问卷得分进行分组的方法有效。

表 3–2　高、低学业压力易感性组得分差异检验结果

组别	学业压力易感性（M ± SD）
高学业压力易感性组（N=59）	3.01 ± 0.92
低学业压力易感性组（N=58）	2.57 ± 0.89
t	5.65***

（二）学业压力易感性及词汇类型对颜色判断反应时的方差分析

为了明确高低学业压力易感性组对不同词汇类型颜色判断反应时的差异性，本研究使用双因素方差分析的方法，进行 2（高、低学业压力易感性组）X2（学业压力相关词汇、中性词汇）的双因素方差分析，分析的结果如表 3–3 所示。学业压力易感性的主效应显著（F=2.71，p=0.02），表现为高学业压力易感性组的颜色判断反应时显著高于低学业压力易感性组颜色判断反应时，词汇类型的主效应同样显著（F=2.82，p=0.02），表现为学业压力词汇颜色判断反应时显著高于中性词汇，而交互作用同样显著（F=4.58，p=0.00）。

表 3–3　学业压力易感性及词汇类型对颜色判断反应时的方差分析结果

	均方	df	F
学业压力易感性	1.61	1	2.71*
词汇类型	1.71	1	2.82*
学业压力易感性 x 词汇类型	3.52	1	4.58**

进一步对交互作用进行考察后发现（如图 3–4 所示），随着词汇类型的不同，不同学业压力易感性组的颜色判断反应时也会发生不同的变化，在学业压力相关词汇上，高学业压力易感性组的颜色词汇判断反应时显著

高于低学业压力易感性组，而在中性词汇上，不同学业压力易感性组的颜色判断反应时差异不显著。即学业压力易感性仅对学业压力相关词汇的颜色判断反应时产生影响，因此证实了本研究的假设 H2。

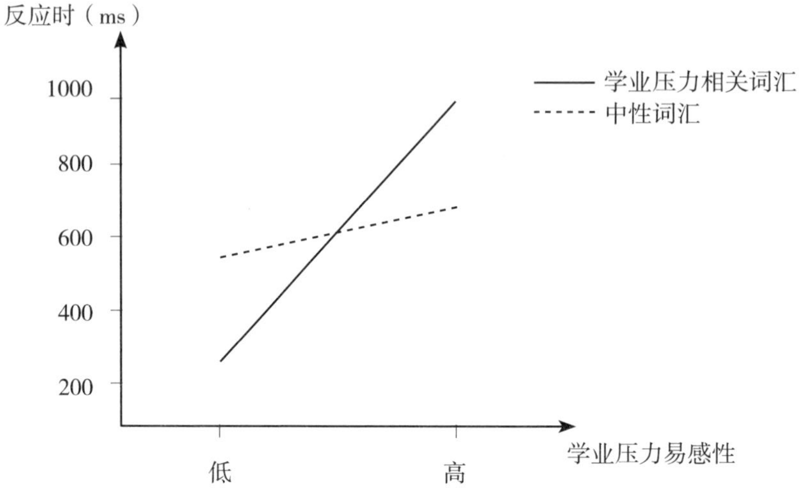

图 3-4　学业压力易感性和词汇类型对颜色判断反应时的交互作用图

三、讨论

为了证实通达效应是中学生学业压力易感性发挥作用的效应机制之一，本研究从注意偏向的角度，借用注意偏向的经典研究范式——stroop 范式对不同学业压力易感性中学生在学业压力词汇和中性词汇上的注意偏向进行了研究。

首先，本研究分组所进行的独立样本 t 检验结果表明了高、低学业压力易感性在学业压力易感性上存在着十分显著性的差异（t=5.65，p=0.00），因此证明了本研究基于中学生学业压力易感性问卷得分所进行的分组是十分有效的。其次，使用双因素方差分析的方法对高、低学业压力易感性组和学业压力相关词汇、无关词汇的颜色判断反应时进行分析后发现，高、低学业压力易感性组的主效应显著（F=2.71，p=0.02），表现为高学业压力易感性的颜色判断反应时显著高于低学业压力压力易感性组；学业压力相关词汇和中性词汇的主效应同样显著（$F=2.82$，$p=0.02$），表现为学业压力相关词汇的反应时显著高于中性词汇；而学业压力易感性和词汇类型的交互作用同样显著（$F=4.58$、$p=0.00$），具体表现为在学业压力词汇上，高学业压力易感性组的颜色判断反应时显著高于低学业压力组，而在中性词汇上，高低学业压力易感性组的颜色判断反应时之间不具有显著性的差异。基于这个研究结果，本研究的假设 H2 得到了充分证实。即通达效应存在，这种通达效应会导致中学生更多注意与学业压力相关的事件，从而导致学业压力的出现。

这个研究结果与前人针对焦虑易感性对焦虑相关事物的注意偏向研究结果具有一致性（邵秀巧，曹雪梅，2014）。从通达效应来看，其内涵是指中学生学业压力易感性会导致中学生更容易接受与学业压力源相关的信息，而信息的接收通常在注意层面就反映为注意偏向，而图式理论则认为，具有某种情绪障碍的个体往往更加注意与该情绪障碍一致的信息，所以学业压力易感性高的中学生也必然会更加关注与学业压力相关的词汇，进而导致学业压力词汇颜色判断反应时的提升。

第三节　中学生学业压力易感性的放大效应

在上述实验研究的基础上，设计实验程序，证实放大效应同样是中学生学业压力易感性产生作用的机制之一。

一、研究方法

（一）研究对象

1. 预实验对象

预实验对象用于研究材料的筛选，随机抽取 20 名台州市某中学学生作为预实验对象。

2. 正式实验对象

正式实验对象情况及分组方式同本章第二节中的正式实验被试情况。

（二）研究工具

1. 中学生学业压力易感性问卷

该问卷属于本研究自编问卷，问卷由 27 个项目组成，包含易敏感和易受损两个维度，问卷采用采用 likert 5 点计分的方式予以赋值计分，1 分表示完全不符合，2 分表示完全符合，3 分表示不确定，4 分表示比较符合，5 分表示非常符合。在问卷指导语中要求被试对人格词汇与自身的符合程度进行判断，根据得分高低来对被试的学业压力易感性水平做出衡量，得分越高，则说明中学生学业压力易感性水平越高。研究一证实了该问卷具有良好的信度和效度。

2. 由高到底的 20 个中学生学业压力事件

通过对陈旭（2004）所编制的中学生学业压力源问卷中的题项进行考察后，将部分表示压力事件的题项进行改编，并结合预实验中对 20 名中学生简单访谈的结果，建立 40 个中学生学业压力常见事件，并再次要求预实验对象对 40 个压力事件所能带来的学业压力状况进行 1—100 级评分，分数越高，表明能够带来的学业压力越高。根据评分高低，采取间隔选取的形式，选取 1、3、5……35、37、39 等 20 个学业压力事件做为研究正式材料（如表 3–4 所示）。

表 3–4　研究四预实验学业压力事件评定得分表

事件	*M*	事件	*M*
来到学校	32.25	看到别人的笔记比我详细	65.34
翻开书本	36.36	周围亲朋询问我的学习成绩	66.56
老师拖堂	38.95	父母对我的学习表示失望	66.89
来到教室	41.23	老师对我的学习表示失望	66.98
听别人讨论学习问题	43.65	考试中遇到了不会写的难题	67.58
上自己不喜欢的课	43.89	同桌获得了较好的考试成绩	67.87
新学的知识点要求太高	44.12	朋友们都获得了较大的进步	68.12
老师对成绩好的学生更加和蔼	44.16	考试成绩退步严重	69.13
新知识点太难以掌握	48.65	看到周边同学去补习班	70.14

续表

事件	*M*	事件	*M*
课堂上其他同学被老师表扬	49.66	放假但是需要补习	71.21
跟不上新知识点的学习	50.65	被父母惩罚	72.11
父母因为学习问题禁止外出	52.35	看到同学课间坚持学习	73.14
这次考试排名较低	54.36	父母表达了对自己的成绩的期盼	74.16
一直不如自己的同学超越自己	55.64	被老师惩罚	75.64
上实在不感兴趣的课	55.98	老师叫家长来学校	76.84
考试成绩较差后被同学嘲讽	57.98	被老师批评	79.85
学校公开表彰学习成绩好的同学	58.61	被家长批评	82.35
因为成绩原因被社会谴责	59.11	作业完不成	82.65
家长将自己与其他人进行比较	62.34	老师布置了大量的作业	83.64
看到同桌上课比我认真	63.45	即将考试	85.13

（三）研究程序

在预实验对实验材料筛选完毕后，正式实验采用单因素（高学业压力易感性 X 低学业压力易感性）设计，实验材料即学业压力事件使用 e-prime 在电脑上进行呈现，首先在电脑屏幕中央出现探测点“+”500ms，紧接着随机地呈现不同的学业压力事件，要求被试进行填空操作，在空格内填入对学业压力事件所能带来的学业压力评分（1—100），并按空格键确认。被试确认以后词汇刺激会马上消失，若无按键反应，刺激在呈现 2000ms 后自动消失，两个事件呈现时间之间的间隔为 2500ms，所有事件呈现两轮后实验结束。为了保证被试完全理解实验操作要求，在实验开始之前要求被试进行 5 个事件的练习，在被试理解操作要求后，跳转进入正式实验。整个实验持续时间大约为 10 分钟，所有被试完成实验后，对本次实验的研究目的做出简单解释，并发放纸笔作为纪念品。

（四）统计分析

删除评分超出 3 个标准差或者两次评分之间差异显著的无效数据后，将被试两次评定的平均分作为被试得分标准进行分析。主要的数据分析方法包括独立样本 t 检验等。

二、研究结果

（一）不同学业压力易感性组的学业压力事件评分比较

为了明确不同学业压力易感性组的学业压力事件评价得分之间是否具有差异性，本研究使用独立样本 t 检验的方法对不同学业压力易感性组学业压力事件评价得分进行比较。比较的结果如表 3–5 所示。从表中可以看出，除了在“学校公开表彰学习成绩好的同学”“被父母惩罚”“老师叫家长来学校”这三个学业压力事件上，不同学业压力易感性组中学生评分之间不具有显著性的差异以外，在剩余的 17 个学业压力事件上，高学业压力易感性组都具有更高的学业压力评分（t=2.03—8.52，p<0.05）。

表 3–5　高、低学业压力易感性中学生的学业压力事件评分比较结果

	高易感性（59）	低易感性（58）	t
	$M \pm SD$	$M \pm SD$	
来到学校	35.23 ± 3.52	32.21 ± 4.12	3.32***
老师拖堂	40.21 ± 3.65	37.35 ± 3.16	3.41***
听别人讨论学习问题	45.65 ± 4.12	41.35 ± 4.12	3.56***
新学的知识点要求太高	50.21 ± 3.98	44.13 ± 3.56	5.65***
新知识点太难以掌握	51.32 ± 4.21	47.35 ± 3.71	4.12***
跟不上新知识点的学习	53.32 ± 3.21	50.11 ± 3.11	3.12***
这次考试排名较低	59.35 ± 3.65	54.32 ± 3.58	5.12***
上实在不感兴趣的课	59.65 ± 3.21	54.21 ± 2.32	5.32***
学校公开表彰学习成绩好的同学	61.54 ± 3.25	60.41 ± 3.21	1.23
家长将自己与其他人进行比较	65.54 ± 4.98	61.65 ± 4.52	3.98***
看到别人的笔记比我详细	66.52 ± 3.85	63.52 ± 4.12	2.56*
父母对我的学习表示失望	69.65 ± 3.33	61.52 ± 3.12	8.52***
考试中遇到了不会写的难题	68.54 ± 3.41	63.25 ± 3.33	4.81***
朋友们都获得了较大的进步	70.12 ± 4.51	64.56 ± 5.65	5.11***
看到周边同学去补习班	71.32 ± 3.33	67.85 ± 6.64	3.87***
被父母惩罚	72.11 ± 4.13	71.52 ± 3.98	0.99
父母表达了对自己的成绩的期盼	73.15 ± 3.95	69.87 ± 5.32	3.23***
老师叫家长来学校	77.54 ± 4.12	76.65 ± 3.32	1.62
被家长批评	83.65 ± 3.12	81.12 ± 3.35	2.03*
老师布置了大量的作业	85.62 ± 3.17	82.32 ± 4.11	3.12***

（二）剔除通达效应后的不同学业压力易感性组学业压力事件评价比较

考虑到通达效应的存在同样会使得中学生更容易关注学业压力事件进而导致学业压力的提升，所以为了明确放大效应是否真实存在，本研究将研究三中被试的颜色判断反应时作为协变量，对不同学业压力易感性组中学生的学业压力事件评分进行协方差分析，分析结果如表 3–6 所示。从表中可以看出，在剔除了研究三中的通达效应后，在部分学业压力事件上，高学业压力易感性组的学业压力评分仍然显著高于低学业易感性组，所以可以认为这部分学业事件被中学生学业压力易感性进行了放大，进而导致了更强的学业压力，本研究的假设 H3 得到了证实。

表 3–6 不同学业压力易感性组学业压力事件评分协方差分析结果

	高易感性（59）	低易感性（58）	*F*
	M ± *SD*（校正）	*M* ± *SD*（校正）	
来到学校	35.12 ± 2.89	31.11 ± 2.63	4.35**
老师拖堂	41.31 ± 2.65	36.89 ± 2.73	5.02**
听别人讨论学习问题	39.65 ± 2.23	37.25 ± 2.71	2.52*
新学的知识点要求太高	45.32 ± 2.78	41.36 ± 2.66	4.08**
新知识点太难以掌握	49.28 ± 2.89	45.81 ± 2.72	3.65*
跟不上新知识点的学习	51.35 ± 2.81	46.21 ± 2.85	5.36**
这次考试排名较低	55.36 ± 2.82	50.99 ± 2.97	4.66**
上实在不感兴趣的课	58.65 ± 2.76	52.39 ± 2.83	5.89**
学校公开表彰学习成绩好的同学	60.21 ± 2.81	59.85 ± 2.66	1.66
家长将自己与其他人进行比较	63.35 ± 2.84	55.82 ± 2.99	7.35***
看到别人的笔记比我详细	66.15 ± 2.87	58.04 ± 2.98	9.61***
父母对我的学习表示失望	66.35 ± 2.86	57.82 ± 2.85	10.67***
考试中遇到了不会写的难题	70.34 ± 2.67	63.65 ± 2.87	6.35**
朋友们都获得了较大的进步	72.52 ± 2.89	68.35 ± 2.96	4.87**
看到周边同学去补习班	70.25 ± 2.85	67.85 ± 2.86	1.95
被父母惩罚	74.11 ± 2.86	75.35 ± 2.89	0.52
父母表达了对自己的成绩的期盼	78.35 ± 2.83	74.32 ± 2.51	4.21**
老师叫家长来学校	79.65 ± 2.94	79.03 ± 2.67	0.34
被家长批评	81.25 ± 2.33	80.24 ± 2.68	1.12
老师布置了大量的作业	84.65 ± 2.85	83.99 ± 2.99	0.41

在协方差分析的基础上，为了更为直观地观察学业压力易感性的放大效应，以校正协方差后的不同学业压力易感性组学业压力评分的平均分为

拐点，绘制折线图（如图 3-5 所示）。从图中可以看出，中学生学业压力易感性在学业压力事件等级比较低时就具有放大效应，在学业事件等级达到中等后放大效应最大，而在学业压力事件等级较高后，学业压力易感性的放大效应不再存在。

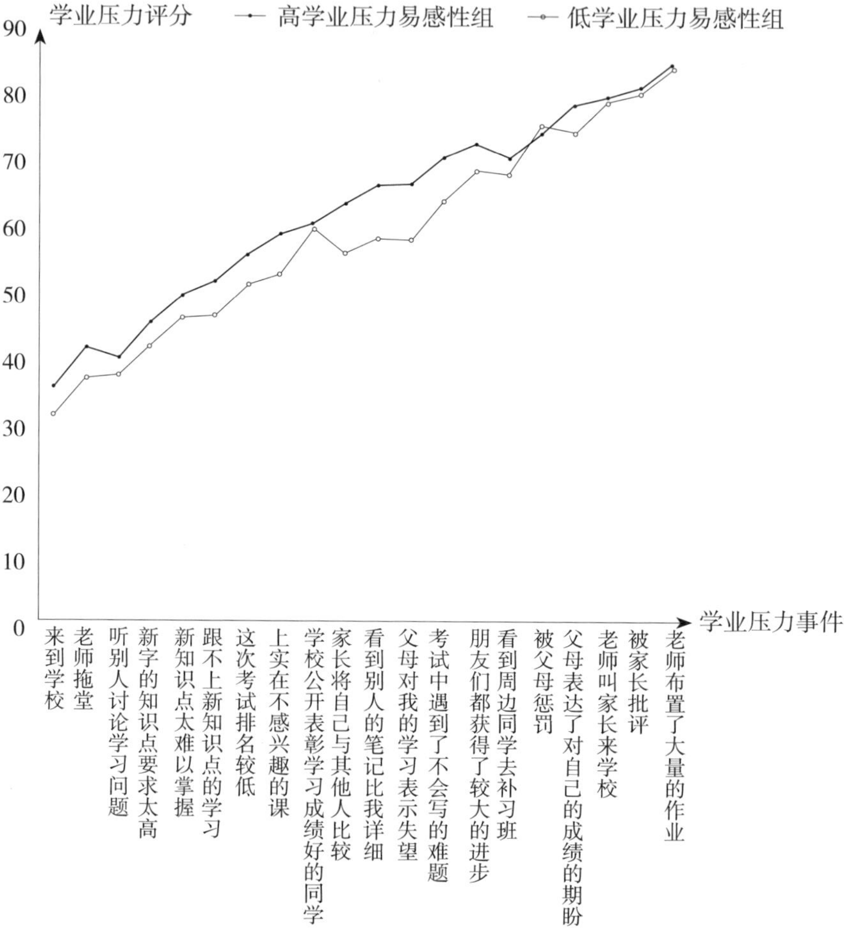

图 3-5　高低学业压力易感性组学业压力评分折线图

三、讨论

在本研究中，通过创设学业压力事件，并要求不同学业压力易感性的中学生对学业压力事件进行评分的方法探讨在相同的学业压力事件下，不同学业压力易感性的中学生学业压力感受差异，以此来说明中学生学业压力易感性是否会导致中学生对学业压力事件的放大，即放大效应是否存在。首先使用独立样本 t 检验的方法对高、低学业压力易感性组的压力事件评分进行比较后发现，除了在“学校公开表彰学习成绩好的同学”“被父母惩罚”“老师叫家长来学校”这三个学业压力事件上不同学业压力易感性组中学生评分之间不具有显著性的差异以外，在剩余的 17 个学业压力事件上，高学业压力易感性组都具有更高的学业压力。

评分（t=2.03—8.52，p<0.05），这初步说明了高学业压力易感性组在面对相同的学业压力事件时会具有更高的学业压力感受。而考虑到学业压力易感性的通达效应，即高学业压力易感性的中学生会更加容易关注学业压力事件，这种通达效应可能同样会导致在相同的学业压力事件下，高学业压力易感性中学生有着更高程度的学业压力体验，因此为了剔除通达效应对放大效应的影响，本研究进一步以研究三中不同被试的颜色判断反应时为协变量进行了协方差分析。协方差分析的结果表明，高、低学业压力易感性组的中学生并不是在所有学业压力事件上的学业压力评分都具有显著性差异，而是仅在部分学业压力事件上具有显著性的差异。大致趋势表现为，在低学业压力事件下，高、低学业压力易感性组中学生学业压力评分就已经具有了一定的差异性，在中等学业压力事件下，高、低学业压力易感性组中学生学业压力评分差异性最大，但是在学业压力事件程度较高时，不同学业压力易感性组学业压力评分之间基本上不再具有差异。基于这个研究结果来看，中学生学业压力易感性放大效应的确存在，但是并不是在接受所有学业压力源信息的过程中都存在放大效应，而是仅在接受中低程度的学业压力源信息时才会产生放大效应。

而之所以在中等程度的学业压力事件上，高、低学业压力易感性组的放大效应最大，可能是因为与低程序学业压力事件相比较而言，中等程度的学业压力事件所能引起的学业压力感受更高，所以中学生对于中等程度学业压力事件的感受更为深刻，从而导致了不同学业压力易感性组在中等程度上学业的压力易感性差异更大。而之所以在高程度学业压力事件上，不同学业压力易感性组的学业压力感受之间不具有差异性，可能是因为自我保护机制发挥了作用。自我保护机制的研究表明，自我具有记忆忽视和自我免疫两种保护机制，记忆忽视理论认为，当信息对自我产生威胁时，个体就会禁止信息进入到信息加工系统中（Green，Sedikides，2004），而自我免疫理论则认为，个体在接受对自我产生威胁的信息后，会降低该威胁信息所能代表的特征（Brandtstädter，Greve，1994），从而达到自我保护的目的。所以基于这两个理论看来，当学业压力事件等级较高时，高学业压力易感性的中学生出于自我保护的目的，一方面有可能会阻止学业压力相关事件信息进入到信息加工系统，另一方面也可能减少该学业压力事件所代表的消极涵义，从而减少对学业压力事件的放大，达到自我保护的目的。所以在高程度的学业压力事件下，中学生学业压力易感性的放大效应不再发挥作用。

第四章　中学生的学业压力易感性与自我同一性的关系

自我同一性是处于青春期的中学生心理发展的中心任务，知识学习也是中学生的主导性活动。中学生能够通过知识学习促进自我同一性的健康发展就是非常重要而迫切的问题。在第一章，我们的分析表明，中学生的过重的学习负担可能挤压中学生自我同一性发展的空间，造成中学生知识学习与自我同一性发展的冲突。也就是说，中学生的过重的学业压力是不利于其自我同一性发展的。同时，我们也看到，学业压力是否对个体的身心成长和发展，尤其对自我同一性的发展构成威胁，又是跟个体自身某种不利的个人易感性素质密切相关的。在本章，我们首先探讨中学生自我同一性的发展及其影响因素，然后重点通过实证研究分析中学生的学业压力易感性与自我同一性的关系。

第一节　中学生自我同一性的发展及其影响因素

自我同一性是 Erik Erikson 于 1968 年在论及青少年期的发展课题时提出的，他在心理社会发展阶段理论中指出，自我同一性与同一性危机（identity crisis）是青少年必经的阶段。Erikson 分别从自我同一性对个体自我发展的功能、结构、适应、主观性、存在性等各个方面进行了定义（Marcia，1966），也强调家庭、社会文化环境对个体心理发展阶段过渡中的重要作用，是一个重要的与自我、人格的发展有密切关系的多层次、多维度的心理学概念。

为了将自我同一性从经验研究引入到实证研究，Marcia 继 Erikson 之后对自我同一性进行进一步的诠释（Marcia et al.，1993）：同一性的形成是个体自我力量增强的过程，随之而来的是自我的其他功能的成长。在现象方面，个体拥有自己的中心，对他人的评价可以加以修正，甚至拒绝，在自主和自我指向的过程中体会到期望的实现。在行为方面，指在同一性形成过程中能够直接观察到的成分，即他人眼中的个体同一性形成的过程。结构方面和主观体验是不能被观察到的，因此从行为层面着手，使用探索（exploration）和承诺（commitment）两个变量对同一性概念进行操作化。通过操作化的定义，Marica 画出了一条自我同一性确立的发展道路，认为个体的同一性确立是从扩散状态、早闭状态向延缓状态、获得状态转变的过程。

一、自我同一性发展的影响因素

对于处在同一性形成主要阶段的青少年来讲，影响其自我同一性形成的因素有很多，总结起来主要包括内部因素和外部因素。

自我同一性发展的内部因素包括了人格特征和认知特征两个方面。研究表明，同一性获得的青少年具有更高水平的外向性、更低水平的神经质，会表现出高水平的自我发展、自尊水平和自主行为，且能够使用符合现实处境的合宜的防御机制；同一性延缓状态的青少年虽也具有较高水平的开放性，但却使用拒绝、发泄和认同等方式来控制焦虑；处于早闭状态的个体则表现出高水平的专制性、低水平的自主性和低水平的控制行为；处于扩散状态的个体会表现出低水平的自我发展、自尊水平和自主行为（王树青，朱新筱，张粤萍，2004）。郭金山等（2004）的研究结果显示，同一性扩散与人格的外向性显著负相关，与情绪性显著正相关，同一性延缓与情绪性、谨慎性显著正相关；同一性早闭与谨慎性呈显著正相关，与开放性、宜人性显著负相关；同一性获得与外向性、宜人性显著正相关。

Berzonsky 认为不同的认知风格会导致同一性状态的差异。已有研究也表明青少年自我同一性的程度与其自我信念矛盾的大小有关系，早熟和同一性获得的青少年比同一性延缓和扩散的青少年会体验到更低的自我信念矛盾水平（Makros，McCabe，2001），自我信念越坚固的青少年，越会较早地出现同一性获得和早闭。已经历过探索并且拥有较高同一性意识的青少年与未经历探索的青少年相比会体会到更复杂的自我概念结构（Low，1999）。

自我同一性发展的外部因素包括了家庭、同伴、学校和社会四个方面。青少年的自我同一性形成要考虑源自家庭的早期认同。已有研究表明，在亲子沟通中获得父母较多支持的青少年可以更好地探索自我同一性，而与父母沟通存在障碍的青少年则较容易出现情绪或行为问题（Grotevant，Cooper，1988）。

李静静（2015）的研究指出中学生班级环境对同一性延缓、同一性获得有预测作用。找到符合自己需求的群体和同伴能带来归属感，对同一性发展有促进作用。学校的教育理念直接影响到学校各方面制度的实施，也直接对青少年产生影响，如果学校可以根据青少年的心理特点合理制定教育教学目标，那么将会给青少年的自我发展创造和提供一个更为自由的空间。社会环境是青少年心理发展的背景，一个主流文化积极向上的社会要比消极腐败的社会更能为青少年的自我成长提供帮助。

国外学者认为个体在 18 岁以前一般不能建立同一感，18—21 岁最能体现同一性状态的差异。而 Waterman 则认为从高中到大学这一时期，同一性获得人数多于同一性扩散的人数；青少年时期个体较多的表现出同一性扩散和早闭，之后随着年龄的增长而下降；国内学者王树青（2006）的研究结果表明，在同一性延缓和扩散上，从初中到大学的青少年并没有明显差异，在同一性获得状态上，与初中生相比，高中和大学的青少年有更高比例的同一性获得状态，高中生和大学生不存在明显差异。国内外的研究显示，在青少年中后期，女生的自我同一性早闭人数高于男生，Jones（1984）的研究也显示青少年中期的女性在早熟上的得分高于男性。陈香（2001）的研究结果表明高中生的自我同一性发展在性别维度上没有差异，但是在大学生中却出现了同一性早闭的女性多于男性的情况；俞瑞康（2004）的研究结果表明，中学生的自我同一性地位度数分布呈中间大、两头小的状态。

Archer（1989）、Waterman（1993）和 Kroger（1997）等通过对过去30 年研究的回顾，认为男女在同一性发展的过程和结构上具有较高的相似性，在多数方面，男女同一性形成的过程并不存在差异。Adams 和 Ftich（1981）对青少年的研究结果也显示，男生和女生的同一性形成不存在显著差异。而 Grotevant 和 Admas（1984）的研究结果显示，在青少年晚期，女生在同一性获得状态上的得分高于男生，在国内的研究中，王树青（2006）的研究结果显示，除高一年级获得状态上男生的人数比例高于女生外，其他年级均不存在显著的性别差异。说明性别差异与年龄维度在自我同一性状态上有交互作用。

二、中学生自我同一性发展与学业压力的关系

在青少年时期，人们经历了一系列急剧的身心发展变化。在这个时期，不管人们是否准备好，他们都将从儿童转变为成年人。在青春期之前，儿童的同一性就像是还未编织在一起的一块碎布，但是到了青春期结束的时候，这些碎布将会被织成一整块对于个体而言独一无二的布料。埃里克森特别关注这一特殊的时期，并把获得同一性作为发展中最重要的目标。许多人会进行大量的实践探索，尝试多种不同的同一性探索路径，以及在尝试错误和体验成功的探索实践过程中渐渐完成自我同一性发展任务。但是，中学生处于压力环境之下，学业压力使得中学生对同一性的探索要求以及各种潜在的矛盾被掩盖。中学生过量的学业任务挤占了他们自我同一性发

展的空间，从而导致中学生学业压力与自我同一性发展产生冲突，引发自我同一性发展的困境。

正如前面所分析的，中学生的学习压力主要来自于学校、朋辈、家庭和社会，学习压力挤压中学生在青春期的自我同一性发展的空间，使得同一性发展与个人理想、身心发展、人际关系以及个人自主产生矛盾与冲突。对社会环境来说，解决矛盾的关键在于充分认识同一性发展在青少年发展中的地位；对教育环境来说，在于对学生科学减负；对于家庭环境来说，家长要注重培养中学生的亲子关系；最后，改变学业任务与中学生同一性发展的矛盾关系，将学业任务作为中学生发展同一性的途径，也能有效地解决冲突。

为了探究中学生学业压力与自我同一性发展的关系，有研究者探讨了学业压力的来源、与同一性发展的冲突以及解决冲突的方法。我们认为，进一步的研究应该注意以下问题，即中学生都能感受到一定的压力，但是每个人感受到的压力都不相同，因此，中学生对于学业压力易感性的个体差异与其自我同一性发展的关系是值得探究的内容。本研究试图通过实证调查详细分析二者的关系。

第二节　中学生学业压力易感性和自我同一性的现状调查

本研究对中学生学业压力易感性和自我同一性发展的现状进行描述，通过对学业压力易感性与不同自我同一性发展阶段的数据对比，探讨学业压力易感性的特质是否有阶段性的特点。

一、研究方法

（一）研究对象

在重庆市 3 所中学按照方便抽样的原则抽取学生 1958 人，由心理学专业研究生在自习课和班会课上统一发放问卷，填完后当堂回收。共计发放问卷 1958 份，回收有效问卷 1790 份，回收率 91.42%，其中男生 841 人，女生 949 人，高一年级 638 人，高二年级 555 人，高三年级 597 人，被试平均年龄为 16.58 ± 1.15 岁，最小为 14 岁，最大为 20 岁。具体被试构成如表 4–1 所示：

表 4–1　调查被试构成（单位：人）

性别		年级			文 / 理科		是否独生子女		家庭居住地	
男	女	高一	高二	高三	文科	理科	独生	非独生	城镇	农村
841	949	638	555	597	431	1356	895	891	1369	375

（二）研究工具

1. 修订后的学业压力易感性问卷

修订后的学业压力易感性问卷共计 15 题，包含家庭压力、学业阻碍、自我发展和未来成就四个维度，量表为六点计分，各因素与总分的相关在 0.561—0.799 之间，问卷的内部一致性系数 α 为 0.769，分量表信度在 0.556—0.773 之间，表明问卷有较好的信效度（李婧雯，2018）。

2. 自我同一性状态问卷

采用王树青和陈会昌（2013）修订的 Bennion 和 Adams（1986）的自我同一性状态问卷简版，问卷共计 32 题，包括同一性获得、同一性延缓、同一性早闭、同一性扩散四个分量表，每个分量表 8 个题目，得分不能加总。问卷采用六点计分，1—6 分分别表示非常不符合和非常符合。根据吴明隆综合的多位学者的看法，分量表的内部一致性信度系数指标最低要在 0.50 以上，最好能高于 0.60，本研究对量表的内部一致性系数进行测量，结果如表 4–2 所示，问卷各分量表在本研究中的内部一致性系数在 0.54—0.70 之间，符合统计学标准，可以投入使用。

表 4–2　自我同一性量表的内部一致性系数

分量表	同一性获得	同一性延缓	同一性早闭	同一性扩散
Cronbach α 系数	0.697	0.535	0.700	0.572

（三）数据处理

采用 SPSS 20.0 对各个变量的均值、标准差进行统计分析，在人口学差异检验中，首先主要检验人口学变量，即性别、文理分科、独生子女和年级在学业压力易感性和自我同一性各维度间是否存在显著性差异。其次，检验学业压力易感性各维度在自我同一性分组上是否存在显著差异。

二、研究结果与分析

（一）高中生学业压力易感性的人口学变量差异比较

本次问卷采用六点计分，从表 4–3 可以看出学业压力易感性及其各维度得分均值在 3.04—3.44 之间，总体得分趋势显示高中生学业压力易感性总体呈中等水平。其中，自我发展维度的得分最高，其次是学业阻碍、未来成就，得分最低的是家庭压力。这似乎也表明了现在高中生的学业压力有可能由过去的外部因素（家庭、学校）向内在要求（自我发展和对未来成就）转化。

表 4–3 高中生学业压力易感性总体特征（M ± SD）

N=1790	家庭压力	学业阻碍	自我发展	未来成就	学业压力易感性
M ± *SD*	3.04 ± 1.10	3.38 ± 0.99	3.44 ± 0.97	3.36 ± 1.12	3.27 ± 0.69

1. 高中生学业压力易感性的性别差异

运用独立样本 t 检验，对高中生学业压力易感性在性别上的差异进行检验。结果如表 4–4 所示。

表 4–4 高中生学业压力易感性的性别现状描述及差异分析

	家庭压力	学业阻碍	自我发展	未来成就	学业压力易感性
男生（n=841）	3.20 ± 1.08	3.38 ± 1.00	3.42 ± 0.99	3.26 ± 1.16	3.30 ± 0.67
女生（n=949）	2.89 ± 1.10	3.39 ± 0.99	3.46 ± 0.95	3.46 ± 1.08	3.25 ± 0.70
t 值	*t*=5.91***	*t*=−0.09	*t*=0.91	*t*=−3.68***	*t*=1.64

注：$p<0.05$*，$p<0.01$**，$p<0.001$***。下同。

男女性别学业压力易感性得分在总体水平上无差异，但在各维度得分上，男生在家庭压力维度上的得分显著高于女生，女生在未来成就维度上的得分显著高于男生。这说明，男生的学业压力易感性更多的是家庭方面给予的压力，而女生的学业压力易感性是来自于对未来成就的担忧。

2. 学业压力易感性的文理科差异

检验高中生学业压力易感性在文理分科上的差异，运用独立样本 t 检验，结果如表 4–5 所示。

表 4–5　高中生学业压力易感性的文理科现状描述及差异分析

	家庭压力	学业阻碍	自我发展	未来成就	学业压力易感性
文科（n=431）	3.07 ± 1.08	3.43 ± 1.00	3.43 ± 0.96	3.21 ± 1.08	3.26 ± .070
理科（n=1356）	3.03 ± 1.11	3.36 ± 0.99	3.44 ± 0.97	3.41 ± 1.13	3.28 ± 0.68
t 值	t=0.62	t=1.27	t=–0.32	t=–3.31**	t=–0.35

文理科学生学业压力易感性得分总体上无差异，在未来成就维度上，理科生得分显著高于文科生。

3. 学业压力易感性的独生子女差异

为检验高中生学业压力易感性及其各维度在独生子女维度上的差异，采用独立样本 t 检验对数据进行处理，结果如表 4–6 所示。

表 4–6　高中生学业压力易感性的独生子女现状描述及差异分析

	家庭压力	学业阻碍	自我发展	未来成就	学业压力易感性
独生（n=895）	3.06 ± 1.12	3.37 ± 0.98	3.39 ± 0.99	3.26 ± 1.13	3.24 ± 0.69
非独生（n=891）	3.02 ± 1.09	3.39 ± 1.00	3.49 ± 0.94	3.47 ± 1.11	3.30 ± 0.69.
t 值	t=0.65	t=–0.59	t=–2.26*	t=–4.05***	t=–1.83

学业压力易感性得分总体情况在独生与非独生子女之间无显著差异，但是在自我发展维度上，非独生子女的得分高于独生子女，说明多子女家庭的孩子在自我发展上更容易产生学业压力；在未来成就维度得分上，非独生子女与独生子女存在明显的统计学差异，非独生子女表现出更强烈的对未来成就部分的学业压力易感性。

4. 学业压力易感性的年级差异

为检验高中生学业压力易感性及其各维度在年级上的差异，采用单因素方差分析对数据进行处理，并进行事后检验，结果如表 4–7 所示。

表 4–7 高中生学业压力易感性的年级现状描述及差异分析

	①高一	②高二	③高三	F	P	事后检验
家庭压力	3.25 ± 1.16	3.08 ± 1.02	2.77 ± 1.07	30.75	***	① > ② > ③
学业阻碍	3.47 ± 1.04	3.36 ± 0.89	3.31 ± 1.02	4.33	*	① > ③
自我发展	3.50 ± 0.98	3.45 ± 0.90	3.35 ± 1.00	3.81	*	① > ③
未来成就	3.48 ± 1.15	3.35 ± 1.06	3.25 ± 1.15	6.29	**	① > ③
学业压力易感性	3.41 ± 0.71	3.28 ± 0.61	3.13 ± 0.70	26.10	***	① > ② > ③

从表中可以看出，学业压力易感性在各年级的得分均有统计学差异。总体来看，从高一到高三，学业压力易感性水平呈下降趋势，且各年级差异显著。从各维度来看，高一学生的家庭压力维度得分显著高于高二学生，也显著高于高三学生；在学业阻碍、自我发展和未来成就三个维度上，高一学生的得分显著高于高三学生。

（二）高中生学业压力易感性在自我同一性类型上的差异

在研究前，先对自我同一性状态各维度的平均分和标准差进行统计，根据被试的自我同一性各个维度得分情况，遵照 Bennion 和 Adams（1986）制定了划分个体所处的自我同一性状态的标准，参考 Jones 和 Akers（1994）修订后的自我同一性状态分类标准，本次研究将划分点定位为平均数以上 1/2 个标准差。遵循以下划分规则：① 若个体仅在某一分量表上的得分高于划分点，划分为该同一性纯粹状态；② 若个体在四个分量表上的得分均低于划分点，则划为延缓组；③ 若个体在多个分量表上的得分高于划分点，则属于转变状态，划为未转变组。被试形成四个小组。在此基础上对问卷的各维度进行相关关系计算，自我同一性问卷得分情况和人员分组情况统计如表 4–8 所示。

表 4–8　高中生学业压力易感性各维度与自我同一性状态的关系

	M	SD	学业压力易感性	家庭压力	学业阻碍	自我发展	未来成就
同一性获得（*n*=230）	3.52	0.85	–0.04	0.04	–0.125**	0.166**	–0.174**
同一性延缓（*n*=691）	3.53	0.73	0.247**	0.107**	0.192**	0.204**	0.179**
同一性早闭（*n*=271）	2.25	0.64	0.210**	0.073**	0.092**	0.165**	0.274**
同一性扩散（*n*=598）	3.35	0.78	0.289**	0.152**	0.259**	0.02	0.314**

在 1790 个被试中，同一性延缓分组人数占 38.60%，同一性扩散分组占 33.41%，同一性早闭分组占 15.14%，同一性获得分组占 12.85%。学业压力易感性和同一性延缓、同一性早闭、同一性扩散三个维度的得分呈显著正相关，与同一性获得负相关，但统计上不显著。这说明，学业压力易感性作为负性的心理素质，不同自我同一性状态的高中生，在学业压力易感性上的表现程度上有明显差异。

表 4–9　学业压力易感性在自我同一性状态现状的描述及差异分析

（$M \pm SD$）	家庭压力	学业阻碍	自我发展	未来成就	学业压力易感性
①同一性获得	2.96 ± 1.25	2.96 ± 1.03	3.51 ± 1.04	2.83 ± 1.17	3.04 ± 0.72
②同一性延缓	2.90 ± 1.08	3.30 ± 0.98	3.35 ± 0.98	3.16 ± 1.04	3.15 ± 0.68
③同一性早闭	2.99 ± 0.94	3.31 ± 0.94	3.66 ± 0.92	3.55 ± 1.04	3.32 ± 0.63
④同一性扩散	3.24 ± 1.11	3.67 ± 0.93	3.41 ± 0.93	3.72 ± 1.09	3.49 ± 0.65
F	11.17***	34.45***	7.40***	52.12***	37.58***
事后比较	④ > ①②③	④ > ②③ > ①	①③ > ②④	④ > ③ > ② > ①	④ > ③ > ② > ①

考察学业压力易感性在自我同一性状态分组上的差异，具体的结果如表 4–9 所示。学业压力易感性总体得分在自我同一性各状态分组上呈显著差异。

学业压力易感性得分事后比较结果显示，同一性扩散组高于同一性早闭组，高于同一性延缓组，高于同一性获得组；

在家庭压力维度上，同一性扩散组高于其余三组；

在学业阻碍维度上，同一性扩散组高于同一性早闭组和同一性延缓组，高于同一性获得组；

自我发展维度上，同一性获得组和同一性早闭组高于同一性延缓组和同一性扩散组；

在未来成就维度上，同一性扩散组高于同一性早闭组，高于同一性延缓组，高于同一性获得组。

三、讨论与小结

（一）高中生学业压力易感性的发展趋势

高中生的学业压力易感性总体水平在年级上差异显著，在性别、文理分科、是否独生子女上差异不显著。

在年级上，高一学生的学业压力易感性水平最高，高三学生的学业压力易感性水平最低，在各个维度上也呈现这样的趋势，说明高中生在刚入学时的压力易感性程度为最高，在进行一段时间的适应后，易感性有所下降。在已有研究中，学业压力在高中生的年级上呈现的差异是随着年级的上升而上升（徐艳红，2014），学业压力易感性和学业压力的增长趋势呈相反势态，可能有以下几点原因：①学业压力易感性是一种自身相对稳定的特质，同时它可以受其他因素的影响而发生变化，在高中生涯中，随着对学习环境的适应、经历的增多，学生对自己的认识不断完善，对学业压力也有了一定的认识，高中生启用认知，慢慢地成熟，能够重新评价自己所处的状态和面对的压力，认知重评有助于避免学校压力的负性影响（易君，2016），比如高一新生在对自己的学习能力还未有初步认识时，一次考试失利就能导致他们对学业的过度紧张和对自己的否定，高三年级的同学对自己的学业能力有了一定的认识，对自己学习水平的判定更为客观和全面，即使总体学业压力更高，但在一两次考试失利前，学业压力并不会因此而骤升，因此学业压力易感性较低。

在性别上，男生在家庭维度上的得分高于女生，说明男生更多地会受到家庭压力的影响，承载着更多家人期望的压力。女生在未来成就维度上的得分显著高于男生，说明女生更为关心学业发展对未来的影响。面临相同的人际压力，相比于男生，女生更善于使用认知角度的重新评价，减轻家人通过人际施加的不利影响（Marcia，1993）。从总体情况来看，高中生在学业压力上不存在性别差异，在学业压力易感性上的得分差距也没有呈现统计学差异，说明男女的基本心理素质差异不大，都面临着同样的竞争环境，因为社会角色的差异，易感性比例有各自的偏重。

在文理分科上，理科的学生在未来成就上的得分显著高于文科生，原因可能是因为理科班的人数往往多于文科班，学业竞争尤为激烈，会更早感觉到学业对未来发展的影响，感受到的未来竞争更为激烈，对未来成就有更多思虑，更容易因为担忧未来发展而感受到学业压力。

在独生子女上，非独生子女的自我发展和未来成就得分更高，原因可能是因为独生子女享受了父母全部的爱，在自我发展上只有在外的比较维度，不用和家庭内部的子女进行比对。换句话说，在非独生子女家庭里，既有为弟弟妹妹当榜样的压力，也有姐姐哥哥的对比，要想在家中得到父母更多的关注，就需要对自己和未来有更多的要求，增大其对自己学业表现的压力。

（二）学业压力易感性和自我同一性状态的关系

从总体水平来看，同一性扩散组的学业压力易感性得分最高。自我同一性获得的标准，是个体能够将自身动力、能力、信仰和历史进行组织，整合出自己对于工作、价值观、意识形态和承诺方面的内容时，自我同一性形成。

学业压力易感性得分最高的为同一性扩散组，最低的是同一性获得组。Marcia（1993）认为自我同一性确立的过程可以被看做是从同一性扩散、延缓向同一性获得、早闭发展的过程，是从一个低阶的、幼稚的状态向成熟的同一性状态过渡的过程。能够看出，学业压力易感性的发展趋势对同一性发展有重要影响，学业压力易感性从高到低的变化与自我同一性的确立过程有一定的相似之处。可以猜测，自我同一性获得的学生在学业压力易感性上的表现显著低于自我同一性扩散状态的学生，学业压力易感性对自我同一性的形成与发展有重要的负面影响。

在家庭压力方面，家庭压力带来的易感性与学生拒绝探索、拒绝投入到同一性的确立中有重要关联。家庭是个体发展过程中重要的支持因素，在个体成长时期，家庭给予的压力水平过高，可能导致个体因为缺少支持，无法支撑自己对自我同一性的探索。在学业阻碍方面，同一性扩散的学生有可能在遇到学业上的应激事件时，更容易陷入负性情绪，而同一性获得的学生由于能够连续统一地看待自己，不会困溺于一时的应激反应中并长久低迷。对于仍在探索期和过早承诺发展方向的学生而言，在学业上都还需要付出相当多的精力去应对和成长。

在自我发展方面，对确立自己目标的学生来说，由于他们对自己的发展有更为明确的要求，会更加在意自己的表现，所感受到的压力相较于对于还在探索或未探索阶段的学生来说会大很多。在未来成就方面，符合学业压力易感性总分的分布趋势，进行更多探索和投入的学生对自己未来的成就和发展的担忧更少。

可以假设，学业压力易感性的存在也说明了高中生自我同一性发展的阻碍因素，而这个过程恰好也是学业压力易感性减弱的过程。这也从侧面说明了，学业压力易感性高的个体在自我同一性状态发展上可能滞后于学业压力易感性低的个体。

第三节 中学生的学业压力易感性与自我同一性的关系

从已有的文献综述可以知道，同一性状态与人格特征有密切的联系，每一个同一性状态在每一个人格维度上均有差异，在发育完善、成熟的同一性状态与发育滞后、低级的同一性状态间，人格差异更大。我们之前的探讨也认为，中学生的学业压力易感性与自我同一性之间存在紧密的联系，且学业压力易感性越高，自我同一性的发展就越容易受到影响。根据埃里克森的理论，青少年时期是自我同一性确立的关键期，其主要任务就是同一性获得，避免自我同一性混乱。学业压力易感性对以学业环境为主要活动范围的高中生群体来说，是当前主要影响其心理素质的负性心理特征，而人格特征对学业压力和心理弹性有中介作用，也是影响自我同一性获得的重要内部因素。

一、研究方法

（一）研究被试

在重庆市 3 所中学（重庆市清华中学、铜梁第一中学、铜梁中学校）按照方便抽样的原则抽取学生 1958 人，由心理学专业研究生在自习课和班会课上统一发放问卷，填完后当堂回收。共计发放问卷 1958 份，回收有效问卷 1790 份，回收率 91.42%，其中男生 841 人，女生 949 人，高一年级 638 人，高二年级 555 人，高三年级 597 人。被试平均年龄为 16.58 ± 1.15 岁，最小为 14 岁，最大为 20 岁。

（二）研究工具

1. 修订后的学业压力易感性问卷

修订后的学业压力易感性问卷共计 15 题，包含家庭压力、学业阻碍、自我发展和未来成就四个维度，量表为 6 点计分，各因素与总分的相关在 0.561—0.799 之间，问卷的内部一致性系数 α 为 0.769，分量表信度在 0.556—0.773 之间，表明问卷有较好的信效度（李婧雯，2018）。

2. 自我同一性状态问卷

采用王树青和陈会昌（2013）修订的 Bennion 和 Adams（1986）自我同一性状态客观性测量问卷（第 2 版）简版，问卷共计 32 题，分为四个分量表：同一性获得、同一性延缓、同一性早闭、同一性扩散，每个分量表包括了8道题目，得分不能加总。问卷采用6点计分，在本次测量中，各分量表在本研究中的内部一致性系数在0.54—0.70之间，可以进行测量。

3. 中学生人格五因素问卷

邹泓、张春妹（2003）根据我国中学生现状修订的中学生人格五因素问卷包括50个题目，分为外向性、宜人性、开放性、情绪性和谨慎性5个维度。问卷采用5点计分，被试根据项目的描述，回答从“一点也不像你”到“非常像你”，问卷的内部一致性系数在0.676—0.890之间，具有良好的信效度。

（三）数据处理

本研究采用SPSS–Process插件进行bootstrap中介检验，选择model 6，样本量选择5000，置信区间选择95%。

二、研究结果与分析

（一）学业压力易感性、自我同一性与人格的相关

表4–10 学业压力易感性、自我同一性与人格的相关

	同一性获得	同一性延缓	同一性早闭	同一性扩散	学业压力易感性
外向性	0.267**	0.04	0.00	–0.224**	0.01
宜人性	0.284**	0.04	0.01	–0.161**	–0.060*
谨慎性	0.324**	0.073**	0.145**	–0.151**	–0.105**
开放性	0.436**	0.115**	–0.04	–0.192**	–0.02
情绪性	–0.060*	0.226**	0.104**	0.204**	0.510**
学业压力易感性	–0.04	0.247**	0.210**	0.289**	–

从表4–10中可以看出，与学业压力易感性和自我同一性各维度得分有显著关联的人格特质有两个，分别是谨慎性和情绪性。其中，谨慎性与同一性扩散、学业压力易感性显著负相关，与同一性获得、同一性延缓、同一性早闭显著正相关；情绪性与同一性获得显著负相关，与同一性延缓、同一性早闭、同一性扩散、学业压力易感性显著正相关。相关分析为下一

步探讨人格特质的中介作用奠定了基础。

（二）学业压力易感性与自我同一性的关系：人格特质的中介作用

根据陈瑞等（2013）对中介效应检验程序的提炼，检验程序如下：① 检验 a*b 是否显著，显著则中介路径存在，不显著则不存在；② 检验 c’ 是否显著，若 c’ 不显著，则模型中假设的中介变量为唯一中介，若 c’ 显著，则仍可能存在其他中介路径。

本次中介作用检验有两个中介变量，采用多个并列中介变量的检验方法进行检验。该方法的好处是可以检验所有并列中介变量共同发挥的中介作用，以及单个中介路径作用的大小，同时还可以用于排除多个中介路径的检验。以学业压力易感性作为自变量 *X*，人格特质中的谨慎性和情绪性作为中介变量，自我同一性各个维度分别作为因变量 *Y*，进行中介检验。按照 Zhao 等（2010）提出的中介效应分析程序，参照 Preacher 和 Hayes（2004）提出的多个并列的中介变量检验方法，使用 bootstrap 进行中介检验，选择 model 4，样本量选择 5000，95% 的置信区间。中介模型如图 4–1 所示。

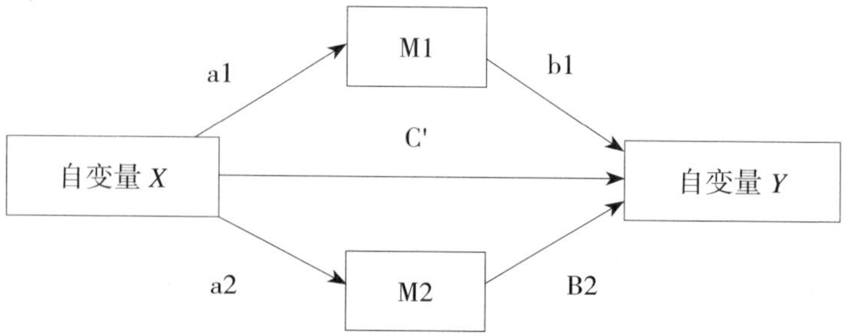

图 4–1　中介模型图

1. 人格特质在学业压力易感性与同一性获得上的中介作用

以学业压力易感性作为自变量 *X*，人格特质中的谨慎性和情绪性作为中介变量，同一性获得作为因变量，进行数据分析，结果如图 4–2 所示。中介变量共同发挥的中介效应显著，置信区间不包括 0[–0.13，–0.05]，效

应值为 –0.0875，情绪性 [–0.08，–0.01] 和谨慎性 [–0.06，–0.02] 发挥了显著的中介作用，作用值为 –0.045 和 –0.042；控制中介变量后，学业压力易感性对同一性获得的直接效应值为 0.42，区间包括 0[–0.21，0.11] 不显著。结果表明，情绪性和谨慎性在学业压力易感性与同一性获得间的中介效应显著。

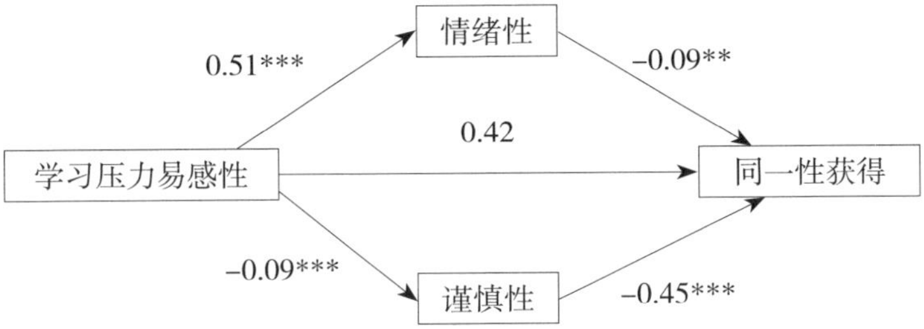

图 4–2 情绪性和谨慎性在学业压力易感性和同一性获得间的中介模型

2. 人格特质在学业压力易感性与同一性延缓中的中介作用

以学业压力易感性作为自变量 *X*，由谨慎性和情绪性作为中介变量，同一性延缓作为因变量 *Y*，数据结果如图 4–3 所示。中介变量共同发挥的中介效应显著，置信区间不包括 [0.03，0.09]，效应值为 0.06，其中，情绪性 [0.04，0.10] 和谨慎性 [–0.02，–0.005] 发挥了显著的中介作用，大小分别为 0.07 和 –0.01，控制中介变量后，学业压力易感性对同一性延缓的直接效应为 0.20，区间包含 0[0.15，0.26]，直接效应显著（$p<0.001$）。结果表明，人格情绪性和人格谨慎性在学业压力易感性与同一性延缓间存在中介作用。

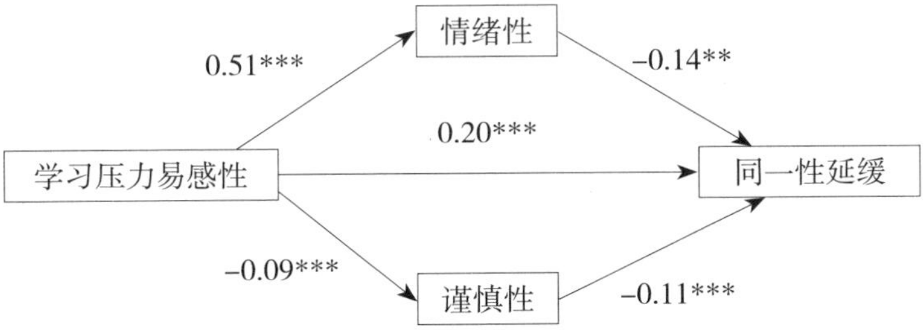

图 4–3 情绪性和谨慎性在学业压力易感性和同一性延缓间的中介模型

3. 人格特质在学业压力易感性与同一性早闭中的中介作用

以学业压力易感性作为自变量 X，由谨慎性和情绪性作为中介变量，同一性早闭作为因变量 Y，进行中介检验。数据结果表明，中介变量共同发挥的中介效应不显著，置信区间不包括 0[–0.05，0.01]，检验直接效应区间不包含 0[0.17，0.27]，直接效应显著，值为 0.22，说明学业压力易感性与同一性早闭仅有直接作用，人格特质的中介效应不成立。

4. 人格特质在学业压力易感性与同一性扩散中的中介作用

以学业压力易感性作为自变量 X，由谨慎性和情绪性作为中介变量，同一性扩散作为因变量 Y，进行中介检验。模型如图 4–4 所示。

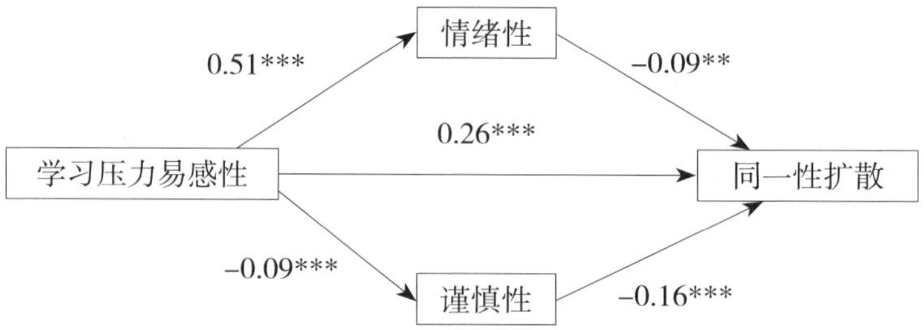

图 4–4 情绪性和谨慎性在学业压力易感性和同一性扩散间的中介模型

中介变量共同发挥的中介效应显著，置信区间不包括 0[0.03，0.10]，效应值为 0.06，其中，情绪性 [0.02，0.08] 和谨慎性 [0.01，0.03] 发挥了显著的中介作用，大小分别为 0.05、0.01，在控制中介变量后，学业压力易感性对同一性扩散仍有直接影响，区间 [0.20，0.32]，效应值为 0.26。结果显示，人格情绪性和人格谨慎性在学业压力易感性与同一性扩散间存在中介作用。

三、讨论与小结

研究结果显示，学业压力易感性对不同人格特质的高中生的同一性发展的影响不同。具体来说，谨慎性特质和情绪性特质在学业压力易感性与同一性获得之间的表达均呈反向作用，学业压力易感性对同一性获得没有直接影响，但是在谨慎性人格和情绪性特质的作用下会影响高中生的同一性获得的发展。对于同一性延缓的影响来看，学业压力易感性本身对延缓有直接的影响，表现为学业压力易感性高的个体，在同一性发展上不断进行尝试和探索，却迟迟不能进入承诺阶段，在自我发展和未来方面有诸多担忧，情绪性特质的影响更是了放大学业压力易感性对同一性延缓的影响。对同一性早闭来看，人格特质的中介效应并不显著，学业压力易感性能够直接影响个体的同一性早闭状态，表现为处于学业压力易感性状态中的个体，专注于其投入的目标，已经消耗了个体的大部分资源，从而无力进行同一性发展探索的其他可能。

学业压力易感性对同一性扩散的直接影响显著，情绪性表达高的个体更敏感，情绪更容易产生波动，表现为个体对同一性发展的探索过程的回避，甚至因为随时能够感受到过高的学业压力，觉得应对无力，具有谨慎性特质的个体在学业压力易感性的影响下，容易陷入过度保守的状态，过度保守，更容易拒绝同一性的承诺投入，甚至完全放弃同一性的发展。

第五章　中学生的学业压力与学校适应

第一节　有关研究的文献综述

正如绪论中所言，中学生的学业压力与其学校适应有密切的关系，学业压力过大会影响其对学校的适应。在这里，我们先分别综述中学生学业压力与学校适应的有关研究现状，为进行中学生学业压力与学校适应关系的实证研究做出铺垫。

一、中学生学业压力研究的现状

正如绪论中所说，学业是中学生的主导性任务，学业压力也是中学生所面临的最主要的生活压力。压力刺激作为一种外在的要求和期待，是我们适应环境的动力，也是个体发展的契机。不过，当压力过度时，它可能会不利于个体的适应、发展和健康。一般情况下，我们将压力定义为，当个体面临种种外来事件或身处于某种情境下，个体感知到自身受到威胁和挑战，从而引发焦虑、担忧等典型负性情绪的综合性身心症状反应。那么学业压力就是在学业情境下，学生感知到难以顺利完成学业任务时，所引发的焦虑、担忧等典型负性情绪的综合性身心症状反应。诸多研究者都探讨过学业压力的来源问题。综合这些观点，我们认为，中学生学业压力来源主要表现为学校的压力、朋辈的压力、家庭的压力和来自社会的压力等四个方面。学校的压力是一种任务性压力，它可以通过学校直接给予，也可以通过教师间接传递给学生。来自朋辈的压力就是指来自同伴、同学、朋友之间的一种竞争性压力。家庭的压力主要是指父母及家长给予的期望性压力。家庭的压力首先来自于父母对子女的过高期望，他们对子女成材的期望可能远高于学生实际能达到的水平。社会的压力主要是指当前的社会氛围和社会舆论、主流的世俗价值观念等无形的准则通过舆论带给中学生的压力，是一种舆论氛围性压力。

关于中学生学业压力的现状，有许多调查研究的结论。首先，关于中学生学业压力的整体情况，席居哲等（2007）研究发现，上海地区 76.5% 学生感到学业压力，陈永凤等（2010）发现，大理有将近 90.0% 学生感到学业压力，李晶华等（2007）发现，长春市 55.5% 中学生感到学业压力，李唯博等（2017）调查发现，在武汉市，89.36% 的高中生存在不同程度的学业压力。其次，关于压力的类型差异程度，陈旭（2004）的调查发现，中学生学业压力感受最高的 10 个方面是：害怕考不上自己理想的大学；担心自己未来的前途；希望自己进入班级或年级前几名；学习上总是达不到自己的目标；别人成绩进步，自己没有进步；学习时间不够用；害怕成绩被别人超过；需要掌握的东西太多；排名靠后；自己的成绩不如他人。张佩（2014）的调查发现，从压力感受的程度上分析，初中生学业压力感受最高的八个方面是：希望进入班级或年级前几名；怕考不上自己理想的大学；害怕考差了；考试成绩不理想；排名靠后不太光彩；父母总是把我与别人比较；稍一放松，就会被别人超过；周围的竞争对手太强。陈旭的调查结论与张佩的调查结论比较接近，中学生学业压力感受最高的 10 个方面和 8 个方面主要集中在竞争压力和期望压力两个维度上。李唯博等的调查发现，武汉市高中生学业压力的 5 个维度由高到低分别是任务压力、期待压力、竞争压力、发展压力及挫折压力。廖红的调查结果发现，中学生的学业压力由高到低分别是期望压力、任务要求压力、竞争压力、挫折压力、自我发展压力。王爱兰等（2010）的调查发现，初中生 5 种学业压力状况的得分从高到低的顺序依次为：期望压力、竞争压力、自我发展压力、任务要求压力以及挫折压力。另外，关于学业压力的年级差异，不同的调查稍有不同，不过大概一致结论是，随着年级的增长，中学生的学业压力也有不断增大的趋势。关于性别差异，多数的调查都发现，女生的学业压力普遍大于男生。

这些调查结果与我们的现实观察和经验判断大致符合。在当前应试教育愈演愈烈的现实背景下，中学生学业压力偏大，几乎波及每个中学生，这是不争的事实。在中国广大的中低阶层中，底层家庭期望通过升学改变个人和家庭的命运，中等阶层家庭则期望孩子上更好的大学，以实现自己未曾实现的愿望，也维护自身的脸面和尊严，于是来自家庭方面的期望压力是构成中学生压力的主要来源。应试教育由当前的社会环境和教育体制推动，而学校则是应试教育的直接执行者，学校为了自身的生存和发展，把残酷的竞争压力传递给教师和学生，导致学生感受到前所未有的竞争压力。在应试教育背景下，中考和高考是指挥棒，也是压力助推器。越接近中考和高考，学生压力就会越大。于是无论是在初中还是高中，学生的压力会随着年级的增高而增大。另外，男生和女生在压力感知的敏感性上有差异，这可能是导致女生压力感受更大的重要原因。

二、中学生学校适应的研究现状

在绪论中，我们对学校适应的性质做了初步的探讨。在这里，我们着重综述已有的关于学校适应的研究和观点。

（一）关于学校适应的界定

学校适应一直没有统一的界定。不同的学者基于自己的经验，从不同的角度对学校适应作出不同的界定。国外的学者 Ladd 等（1997）认为，学校适应是“在学校环境下快乐地参加学校的各种活动并顺利完成学习的情况”。Birch 等（1997）则指出，学校适应不仅指学生的学校表现、学校活动参与程度，也包括学生对学校环境、学校规章制度、教师同学等的态度。在国内的研究中，刘万伦等（2005）认为，学校适应是指学生的在校投入度、情感发展、学习行为、人际关系等其他状况。邹泓（1997）认为，学校适应是学生顺利完成学校任务，并良好地度过学校生活的程度。侯静（2013）认为，学校适应是指学生在学习、人际交往、参与学校活动和情绪适应方面表现成功的状况。这些概念界定大致包含两层含义：第一是学生对学校的态度，包括学生是否喜欢学校和学校的人际关系，是否愿意参与学校的活动。这是学生学校适应的动机层面。第二是学生在学校的行为表现，主要是指学生融入学校环境的程度。这当然是学生学校适应的行为层面。我们也认为，学生的学校适应可以分为三种类型：顺应型、调控型和孤立型。顺应型的学生对学校有一个积极向往的态度，主动融入学校环境，积极参加学校的活动，在学校环境找到自己成长的条件和机会，并体验到学校生活的幸福感和成就动机。调控型的学生不仅积极融入学校环境，积极参与学校活动，而且主动积极参与学校的建设和发展，在学校这个舞台上积极主动地展示自己的才华，实现自己的价值，争取成为学校的小主人。孤立型的学生则一开始就很难融入学校环境，也无法利用学校舞台展示自己的才华和价值，他们在学校体验到更多的消极情感，譬如焦虑、挫败、无助、孤立等。于是，他们总想利用各种机会逃离学校，逃离课堂，逃避学习。

（二）关于学校适应的评价指标和测评工具

不同的学校适应概念界定必然导致学校适应衡量指标的多样化和不统一。Chen 等（1994）把学生取得的学习成就以及跟同伴之间的交往情况作为学校适应的评价指标；Ladd 等（1997）认为儿童学校适应的评价指标是学习行为、班级参与、自我指导、学校喜好、学校回避 5 个维度。国内学者曾琦等（1997）把学习成就、同伴关系、社会性、攻击—破坏性、羞怯—抑制作为儿童学校适应的评价指标。刘万伦等（2005）把中小学生的学校适应评价维度确定为对学校的喜欢程度和对学校环境的适应程度两个方面。胡发稳等（2010）通过学业事业、行为偏差、情绪管理、人际沟通和社会技能等维度考察中学生的学校适应状况。李晓巍等（2009）以情绪问题、师生关系、外化问题和学业问题来考察学生的学校适应状况。李文道等（2003）采用孤独感问卷、学校态度问卷、同伴喜欢程度评价问卷、行为问题问卷、学习成绩等来研究初中生的学校适应情况。Birch 等（1997）将学生对学校喜欢与否的态度、班级活动参与率、对待学习的态度等作为学校适应的指标。黄宁等（2007）通过学生的学习动机、学习满意度、焦虑情绪、问题行为和同伴关系来衡量学校适应状况。综合看来，已有的研究文献大多从学习适应、师生关系、同伴关系、行为适应和自我适应等方面对学生的学校适应状况进行评价，其中学习适应和同伴、师生关系是学校适应的典型评价指标。

已有的学校适应测评量表主要分为学校适应的单维度测量量表和综合量表两种类型。部分单维度量表说明如下：

（1）学校态度问卷（SLAQ）

它首先是 1987 年由 Ladd 等最早提出的，后来 Kochenderfer 等（1996）又对其进行了修订。测验过程采取的是儿童个体施测，喜欢分量表由九个项目构成，回避分量表则由五个项目构成。我国学者李文道等（2003）、屈智勇等（2004）使用该量表对我国中小学生的学校适应情况实施了大面积的测量，该问卷的信度在 0.80 以上。

（2）学习适应量表

周步成（2011）编制的学习适应性测验使用比较广泛。为了更适合各个年级的中小学生，此问卷按年级高低分成不同的类别。王耘修订的学习行为测验也是较好的测试学习适应的量表，它包括学习兴趣、学习信心和学习效能感 3 个维度，共有 16 个题项。

（3）人际适应量表

Pianta（1994）编制了师生关系量表，分为亲密性、冲突性和依赖性 3 个维度，该量表共 28 个题目。我国研究者王耘对此量表进行了修订，维度被修改为亲密性、冲突性与反应性三个维度。后来，邹泓对王耘的师生关系量表再次进行了修改，指标扩展为亲密性、冲突性、支持性和满意度四个维度。此外便是同伴关系，同伴提名法在儿童关系测验中用得较多（Chen，2000）。首先让每个同学提出三名他最要好的和最讨厌的同伴的名字，然后把所有数目加起来，标准化后整体进行比较。积极提名数减去消极提名数，最后得到的结果表明其社会偏好性，即儿童受到同伴欢迎的程度。

（4）情绪适应量表

国外使用最广泛的是 Cassidy 等（1992）编制的孤独量表。中文版是邹泓（2003）修订的，它包括社交能力评价、同伴社会地位评价、社会需要缺失和孤独感 4 个指标。

前面有关学校适应的问卷大都是从学校适应的其中维度进行测量。下面是研究者编制的包含学校适应多个指标的综合性测量工具，从多维度去考察学校适应状况（如表 5-1 所示）。

表 5-1　学校适应综合量表汇总

年份	研究者	问卷名称	问卷结构分析
1996	袁立新	学校生活适应量表	该问卷由集体适应、自我接纳、学习适应、同伴关系和师生关系 5 个维度构成，共 61 题。
2002	张克文	学校生活适应量表（高中版）	以袁立新的学校生活适应量表为蓝本，修订后包括 5 个因素，能解释总方差变异率的 44%。
2005	刘万伦	中小学生学校适应量表	该问卷分为学校喜好和环境适应两个维度，5 点计分，共 30 项目。
2007	汪清华	中小学生学校适应问卷	该问卷将学校适应的维度定义为为学习适应、人际适应、行为适应、情绪适应、行为控制及学校态度。
2008	崔娜	初中生学校适应量表	该量表包括学习适应、人际关系、常规适应、学校态度和情感。
2011	董佳羽	工读学校学生学校适应问卷	该问卷把学校态度、规章制度、同伴关系和学习状态作为学校适应的指标，信效度较好。
2011	李华英	流动初中生学校适应量表	该问卷由自我评价、学习适应、同伴适应、师生关系、学校适应 5 个指标构成，共 3 个题项，信效度较高。

以上关于学校适应量表的综述可以看出，学校适应的测量工具繁多，学校适应的实证调查是研究的热点问题。不过，大多数测量是为了某一目的而针对某一特定团体提出和编制出来的，维度不统一，缺乏通用性。

三、小结与展望

在以往的研究中，关于中学生学业压力状况的调查研究很多，关于中学生学业压力对身心健康的调查研究也不少，关于中学生学校适应的调查研究及其影响因素的研究也很多。但是，关于中学生学业压力与其学校适应关系的研究却几乎没有。我们在绪论中分析，中学生学业压力会直接影响其学校适应，过大的学业压力会导致严重的学校适应不良。那么实际情况是否果真如此？我们打算基于大样本调查进行验证。另外，中学生学业压力对学校适应的影响是否通过某些内在的人格中介因素发生作用？这也是我们实证考察的重点（王亚可，2017）。

第二节　中学生学业压力与心理弹性、人格特质、学校适应的相关分析

基于以上中学生学业压力与其学校适应的相关的基本观点，本节试图通过大样本调查来验证二者的关系。另外，一些重要的人格特质也可能是中学生学校适应的重要影响因素，因此本节试图通过相关调查探讨它们之间的关系。

一、研究方法

（一）研究被试

本研究采取整群随机取样的方法，将河南省、四川省、重庆市的 7 所中学的高中生作为被试，共发放问卷 1200 份，收回有效问卷 1131 份，问卷回收率 94.25%。

（二）研究工具

采用中学生学业压力问卷、青少年心理韧性量表、中学生人格五因素

问卷中外向性和情绪性分量表，以及高中生学校适应问卷。

学业压力测量采用徐嘉骏等（2010）编制的中学生学业压力问卷，问卷共 21 个题项，采用 5 点计分法，包括父母压力、自我压力、社交压力、教师压力 4 个维度。在本研究中，总量表的 α 系数为 0.78，各个分量表的 α 系数在 0.6 至 0.74 之间，说明问卷具有较好的信度。

心理弹性测量采用胡月琴等人（2008）编制的青少年心理韧性量表，问卷共 27 个题项，采用 5 点计分法，包含个人力和支持力 2 个维度，其中个人力维度包括目标专注、情绪控制和积极认知 3 个因子，支持力维度包括人际协助和家庭支持 2 个因子。在本研究中，总量表的 α 系数为 0.80，各个分量表的 α 系数在 0.67 至 0.74 之间，说明问卷具有较好的信度。

采用邹泓修订的中学生人格五因素问卷（2006）中的外向性维度和神经质维度，问卷共 20 个题项，采用 5 点计分法，其中外向性的 α 系数为 0.83，神经质的 α 系数为 0.79，本研究中量表总的 α 系数为 0.70，说明问卷具有较高的信度。

本研究中人格五因素只选取外向性和情绪性的原因如下：首先，前文文献综述中人格特质与学业压力的关系中，大五人格特质的外向性和情绪性被多次证实与学业压力存在显著相关，这两个人格特质的出现频率比较高; 其次，在学校适应的衡量指标中，绝大部分学者根据高中生的情绪问题、师生关系、同伴关系、集体活动参与、情绪管理、人际沟通等指标来衡量学校适应，而这些指标与人格外向性和情绪性的关系最为密切。基于此，选取人格特质中的外向性和情绪性两个维度进行研究。

学校适应测量采用侯静（2013）编制的高中生学校适应问卷，共 53 个题项，采用 5 点计分法，包括学习适应、集体活动适应、同伴关系适应及师生关系适应 4 个维度。本研究中量表总的 α 系数为 0.82，学习适应的 α 系数为 0.88，集体活动适应 α 系数为 0.86，同伴关系适应的 α 系数为 0.94，师生关系适应的 α 系数为 0.92，说明问卷具有较高的信度。

（三）施测与数据处理

利用自习时间以班级为单位统一施测。主试为经过培训的心理学研究生，在施测前先给学生讲解作答要求，确保每个学生理解之后开始施测。采用 SPSS 21.0 对收集到的数据进行统计分析。

二、研究结果

（一）高中生学业压力、心理弹性、人格特质、学校适应之间的相关

为了了解高中生学业压力、心理弹性、人格特质和学校适应之间的关系，对这几个变量进行相关分析。结果显示，学业压力与心理弹性个人力呈负相关，与心理弹性支持力呈负相关，与心理弹性总量表呈负相关，与人格外向性呈负相关，与人格情绪性呈显著正相关，与学校适应呈正相关；心理弹性个人力与支持力呈正相关，与心理弹性总量表呈正相关，与人格外向性呈正相关，与人格情绪性呈负相关，与学校适应呈负相关；心理弹性支持力与心理弹性总量表呈正相关，与人格外向性呈正相关，与人格情绪性呈负相关，与学校适应呈负相关；心理弹性总量表与人格外向性呈正相关，与人格情绪性呈负相关，与学校适应呈负相关；人格外向性与情绪性呈负相关，与学校适应不存在相关；人格情绪性与学校适应存在正相关，结果如表 5–2 所示。

表 5–2 学业压力、心理弹性、人格特质与学校适应的相关矩阵

	学业压力	个人力	支持力	心理弹性	外向性	情绪性	学校适应
学业压力	1						
个人力	–0.370**	1					
支持力	–0.402**	0.413**	1				
心理弹性	–0.456**	0.876**	0.801**	1			
外向性	–0.129**	0.308**	0.386**	0.407**	1		
情绪性	0.487**	–0.536**	–0.397**	–0.563**	–0.200**	1	
学校适应	0.314**	–0.249**	–0.240**	–0.291**	0.017	0.447**	1

注：$^{*}p < 0.05$，$^{**}p < 0.01$，$^{***}p < 0.001$。下同。

（二）高中生学业压力、心理弹性、人格特质与学校适应的回归分析

以学业压力各个维度、心理弹性各个维度、人格特质各个维度为自变量，以学校适应为因变量进行回归分析。结果显示，父母压力、自我压力、教师压力、社交压力、心理弹性个人力、心理弹性支持力、人格外向性、人格情绪性与学校适应的多元相关系数为0.509，多元相关系数的平方为0.260，表示学业压力、心理弹性、人格特质可以预测学校适应26.0%的变异量；标准化回归系数中的父母压力、教师压力、心理弹性个人力、心理弹性支持力为负数，表示这几个变量对学校适应具有负向影响，其他回归系数中，为正数的表示对学校适应的影响为正向；在回归模型中，对学校适应有显著影响的预测变量为自我压力、教师压力、社交压力、心理弹性支持力、外向性、情绪性；从标准化回归系数来看，在显著回归系数的自变量中，人格情绪性与人格外向性的 β 系数的绝对值较大，表示这两个预测变量对学校适应有较高的解释力，父母压力、心理弹性个人力两个预测变量的回归系数均未达到显著状态，表示这两个预测变量对学校适应变量的变异解释甚小，结果如表5–3所示。

表5–3 学业压力、心理弹性、人格特质与学校适应的回归分析

预测变量	*B*	标准误	Beta（β）	*T*	*p*
（常量）	2.178	0.137		15.905	0.000***
父母压力	0.000	0.012	−0.001	−0.034	0.973
自我压力	0.059	0.013	0.138	4.480	0.000***
教师压力	−0.036	0.012	−0.083	−2.910	0.004**
社交压力	0.073	0.017	0.136	4.381	0.000***
个人力	−0.018	0.021	−0.029	−0.885	0.376
支持力	−0.064	0.021	−0.101	−3.035	0.002**
外向性	0.081	0.015	0.161	5.452	0.000***
情绪性	0.157	0.017	0.325	9.249	0.000***

注：*R=0.509，R^2=0.260，调整后R^2=0.254，F=48.751***。

三、讨论

在相关分析基础上的线性回归结果表明，学业压力中的自我压力、教师压力、社交压力，心理弹性的支持力维度及人格外向性和人格情绪性等可以显著预测高中生的学校适应。父母压力过大会导致学生背负沉重的家族期望和道德负担，正常的考试失利都会让学生产生对父母和家庭的愧疚感，从而背负比原来更重的负担；教师压力过大会导致学生课业负担沉重，学生疲于应付每天无休止的作业和习题，挤占正常的休息时间，社交压力主要来自于同学之间的交往以及学生与老师之间的交往，高中生如果在学校不能很好地与人交往的话，长此以往会出现抑郁、焦虑等心理健康问题。心理弹性中的支持力主要来自于父母、家庭、社会等给予的支持。高中生的人格外向性和情绪性也可以显著预测学校适应，高中生在高中期间是否主动与人交往，情绪是否稳定，是否爱发脾气，情绪是否变化多端等都会在一定程度上影响别人与自己的互动关系，高中阶段不仅是一个掌握知识的时间，更是一个学习与人相处、不断完善价值观和人生观的重要阶段，如果一个高中生不能很好地学会与人相处、控制好自己的情绪，那么就很难很好地适应学校生活。总之，本研究的结论是，在相关分析基础上的线性回归结果表明，学业压力中的自我压力、教师压力、社交压力，心理弹性的支持力、人格外向性及人格情绪性可以显著预测高中生的学校适应。

第三节　中学生的学业压力与学校适应的关系：心理弹性的中介作用

基于以上关于中学生学业压力与学校适应的相关关系的实证研究，本节试图进一步通过路径分析方法探讨二者可能的因果关系。另外，心理弹性作为一种使个体免受压力刺激冲击的保护因素，可能影响学业压力与学校适应之间的关系，因此本研究也试图检验心理弹性在学业压力与学校适应之间的中介作用，为改善高中生的学校适应状况、提高心理健康水平提供实证研究依据。

一、研究方法

（一）研究被试

本书采取整群随机取样的方法，将河南省、四川省、重庆市等省市的7所中学的高中生作为被试，共发放问卷1200份，收回有效问卷1131份，问卷回收率94.25%。

（二）研究工具

采用中学生学业压力问卷、青少年心理弹性量表、高中生学校适应问卷。说明同上。

（三）施测与数据处理

利用自习时间以班级为单位统一施测。主试为经过培训的心理学研究生，在施测前为学生讲解作答要求，确保每个学生理解之后开始施测。采用SPSS 21.0对收集到的数据进行统计分析。

二、研究结果

近年来，对中介效应的bootstarp法使用的概率越来越高，该方法是一种从样本中重复取样的方法，该方法不仅可以对简单中介进行有效检验，而且还可以进行多种复杂情况下的中介效应检验，近年来被越来越多的专家学者所采用，本研究的中介效应检验也采用该方法。

本研究采用SPSS-Process插件中的Model 6（如图5-1所示），bootstrap选择5000置信区间为95%条件下数据统计分析结果显示：学业压力和心理弹性个人力与支持力可以解释学校适应12.59%的变异量；

心理弹性总的中介效应显著，区间（*LLCI*=0.0554，*ULCI*=0.1164）不包含 0，总的中介效应的大小为 0.0847，且中介路径 Ind1（*LLCI*=0.0207，*ULCI*=0.0753）、Ind2（*LLCI*=0.0036，*ULCI*=0.0191）、Ind3（*LLCI*=0.0086，*ULCI*=0.0475）均不包含 0，表明各个中介路径均存在中介效应；控制了中介变量心理弹性后，自变量学业压力对因变量学校适应仍然有着直接影响，区间（*LLCI*=0.1670，*ULCI*=0.2904）不包含 0，直接效应的大小为 0.2287，c 显著（$p < 0.001$）。研究结果表明，在学业压力与学校适应之间，心理弹性起中介作用，结果如表 5-4 所示。

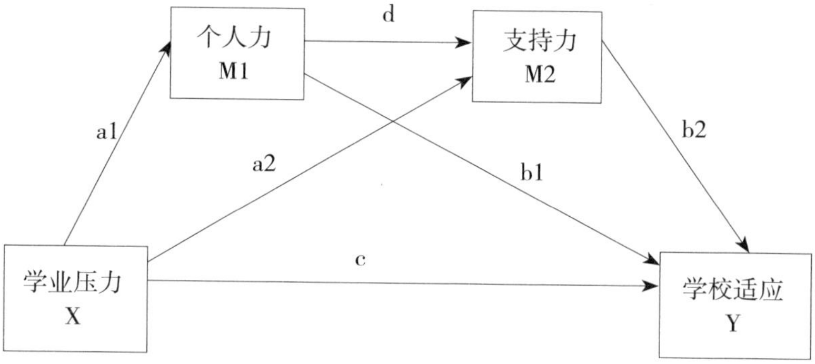

图 5-1　Spss-Process 插件中 Modle6 双重中介图

表 5-4　心理弹性个人力和支持力的中介检验结果（N=1124）

	M1：个人力			M2：支持力			Y：学校适应		
	B	*SE*	*CI*	*B*	*SE*	*CI*	*B*	*SE*	*CI*
X: 学业压力	-3.01	0.22	[-3.46，-2.57]	-1.88	0.18	[-2.24，-1.52]	0.22	0.03	[0.16,0.29]
M1：个人力				0.24	0.02	[0.20，0.29]	-0.01	0.00	[-0.02，-0.00]
M2：支持力							-0.01	0.00	[-0.02，-0.00]
X × M1 × M2							0.08	0.01	[0.05,0.11]
R^2	0.13			0.24			0.12		
F	177.51***			180.56***			53.79***		

三、讨论

从心理弹性中的个人力与支持力在学业压力与学校适应中的中介作用

来看，个人力和支持力均能够影响到高中生的学校适应，也就是说高中生自身对学业成绩的关注度、对高中生对自己以后生活的看法和认知，以及在学习过程中如何处理来自于父母、亲朋、教师等方面的压力对自己能否适应学校生活有着重要影响，在做问卷的过程中，主试与部分高中生交流时，部分高中生提到了“升入高三之后每次星期天回家爸妈都对自己特别特别好，让自己压力很大，而如果父母以平常心对待自己，我反而不会觉得有压力”。支持力对高中生的学校适应也存在着影响，高中生所获得的支持力主要来自父母及亲朋好友等，来自于父母的物质支持则是高中生学校时候的最主要的物质保障。试想一下，如果一个孩子连饭都吃不饱，又怎能全身心地投入到学习中去呢？我们每个人，不管家庭贫穷还是富有，每次返校前都能听到父母这样的唠叨“去学校好好吃饭，钱不够花了跟家里说”，现今社会中人们的生活水平有了很大的提高，物质条件的富足给我们的学业开销提供了充足的保障，因而心理弹性支持力在学业压力与学校适应中的中介作用并不居于主要地位，而且中介路径结果显示，个人力的中介系数要比支持力的中介系数大，这说明了心理弹性在学业压力与学校适应的中介效应主要是通过个人力起作用的，这与谢家树等（2014）对心理弹性个人力和支持力的中介作用研究一致。

因此，为了提升高中生的学校适应水平和心理健康水平，父母、家庭方面在给予高中生爱和关心的基础上，要把握好度，不能过分纵容和呵护，这样既有可能让高中生养成不良习惯，又可能会让高中生背负沉重的道德负担，还会让他们在正常的考试失利的时候怀有巨大的内疚感，从而让父母的爱变成了高中生跨过高考独木桥时所肩负的大山。从高中生个人角度来说，则要正常看待学习压力和考试成绩，保持乐观向上的心态，学会合理调整自己的情绪，学会发泄压力，多与他人交流等，这样才能良好地应对学业压力，良好地适应学校生活。

总之，本研究的结论是，在学业压力与学校适应中，心理弹性起中介作用；在学业压力与学校适应的中介路径中，个人力起主要作用。

第四节　学业压力与学校适应的关系：外向性与情绪性的中介作用

中学生的学业压力对学校适应造成影响，某些重要的人格特质可能作为个体的保护因素缓解这种消极影响，而有些人格特质可能又会作为危险因素激化这种消极影响。本节试图考察大五人格结构中的外向性因素和神经质因素在中学生学业压力与其学校适应之间的中介作用。

一、研究方法

（一）研究被试

本节采取随机整群取样的方法，将河南省、四川省、重庆市等省市的7所中学的高中生作为被试，共发放问卷1200份，收回有效问卷1131份，问卷回收率94.25%。

（二）研究工具

采用中学生学业压力问卷、中学生人格五因素问卷中的外向性和情绪性分量表、高中生学校适应问卷。说明同上。

（三）施测与数据处理

利用自习时间以班级为单位统一施测。主试为经过培训的心理学研究生，施测前先为学生讲解作答要求，确保每个学生理解之后开始施测。采用SPSS 21.0对收集到的数据进行统计分析。

二、研究结果

关于中介效应的检验，大部分研究者采用的是因果逐步回归的检验方法，该方法对中介效应的分析在逻辑上直观、形象，便于研究者阐述和读者理解，但是，该方法存在诸多问题，包括检验程序不合理，对中介效应的检验分析不深入，检验方法缺乏有效性，未能明晰复杂中介效应检验方法等（陈瑞等，2013）。因此，本研究采取与研究三中同样的 bootstrap 法来进行中介效应的检验。

本研究采用 SPSS-Process 插件中的 Model 6（如图 5-2 所示），bootstrap 选择 5000 置信区间为 95% 条件下数据统计分析结果显示：学业压力和人格外向性与人格情绪性可以解释学校适应 22.64% 的变异量；人格特质的总的中介效应显著，区间（*LLCI*=0.25，*ULCI*=0.37）不包含 0，总的中介效应的大小为 0.31；控制了中介变量后，自变量学业压力对因变量学校适应仍然有着直接影响，区间（*LLCI*=0.11，*ULCI*=0.31）不包含 0，直接效应的大小为 0.21，c 显著（$p < 0.001$）。研究结果表明，在学业压力与学校适应之间，心理弹性起中介作用，结果如表 5-5 所示。

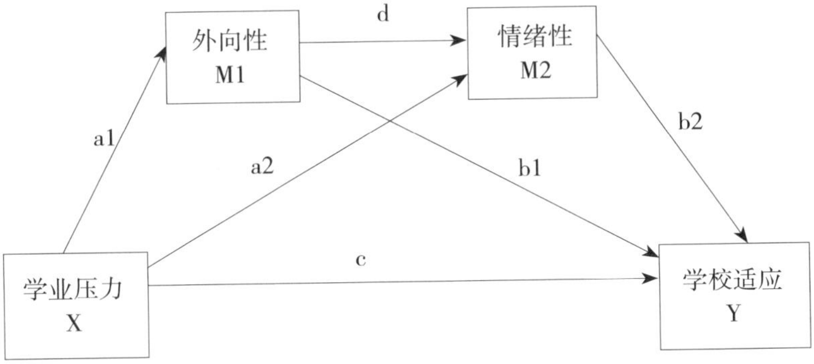

图 5-2 参照 Modle6 预设的双重中介图

表 5-5 外向性和情绪性的中介检验结果（N=1123）

	M1：个人力			M2：支持力			Y：学校适应		
	B	*SE*	*CI*	*B*	*SE*	*CI*	*B*	*SE*	*CI*
X: 学业压力	−0.08	0.02	[−0.12，−0.04]	0.27	0.01	[0.24，0.30]	0.21	0.05	[0.11，0.31]
M1：外向性				−0.12	0.02	[−0.16，−0.07]	0.27	0.06	[0.15，0.40]
M2：情绪性							1.16	0.08	[0.99，1.34]
X × M1 × M2							0.31	0.03	[0.25，0.37]
R^2	0.01			0.25			0.22		
F	19.19***			193.86***			109.17***		

三、讨论

从人格外向性与人格情绪性在学业压力与学校适应中的中介来看，人格情绪性能够显著影响到高中生的学校适应，也就是说，那些人格情绪性得分高的个体或者说难以把控自己情绪、容易出现情绪问题的高中生更容易出现学校适应的问题；而人格外向性在学业压力与学校适应之间并不存在中介效应，说明外向性并不会影响到高中生的学校适应；然而情绪性和外向性放在一起时则会在学业压力与学校适应之间构成中介效应，鉴于外向性在两者之间不存在中介效应，而二者在一起时则存在中介效应，因此可以说，具有情绪性问题的个体，无论外向性得分高低，都会影响到其学校适应，从这点来说，情绪性则是导致高中生学校适应问题的重要人格特质，有研究表明情绪性与学业满意度存在负相关（杨超，2015），因此人格情绪性与学校适应问题存在着相关，这与董增云（2010）、孟凡（2014）等人的研究一致。

然而人格特质本身并无好坏之分，基于本研究的结果，在人格五因素问卷的情绪性维度上得分比较极端的高中生则需要我们特别注意，因为情绪性可能预示着学校适应不良。众所周知，人格特质具有稳定性，人格情绪性比较极端的个案本身的情绪性问题可能很难改变，但是可以通过学校心理老师和校外心理学工作者的努力，帮助具有情绪性问题的个案学会合理控制自己的情绪，以及通过合理的途径来发泄情绪，进而保持健康的心理。在校高中生因为高考的巨大压力以及心智不成熟等原因，更要合理控制自己的情绪，从这一点上来说，心理健康老师的工作可谓任重道远，为高中生建立个人心理档案显得尤其必要，可以通过一些量表及早发现可能具有心理健康问题的个体，及早进行干预，可避免校园悲剧的发生。

总之，本研究的结论是，在学业压力与学校适应中，人格情绪性起中介作用；在学业压力与学校适应中，人格情绪性和人格外向性一起发挥中介作用。

第五节 中学生学业压力与心理弹性、人格特质及学校适应的关系：结构方程模型

为了更深入地探讨高中生的学业压力、心理弹性、人格外向性、人格情绪性、学校适应之间的相互作用机制，对它们之间的相互关系有更深入更进一步的了解，本节是试图通过结构方程模型的分析方法建构几个变量之间的路径关系。

一、研究方法

（一）研究被试

本节采取随机整群取样的方法，将河南省、四川省、重庆市等省市的7所中学的高中生作为被试，共发放问卷1200份，收回有效问卷1131份，问卷回收率94.25%。

（二）研究工具

采用中学生学业压力问卷、青少年心理弹性量表、中学生人格五因素问卷中的外向性和情绪性分量表、高中生学校适应问卷。说明同上。

（三）施测与数据处理

利用自习时间以班级为单位统一施测。主试为经过培训的心理学研究生，施测前先为学生讲解作答要求，确保每个学生理解之后开始施测。采用SPSS 21.0、AMOS 21.0对收集到的数据进行统计分析。

二、研究结果

多重中介模型（如图5-3所示）是指存在多个中介变量的模型，多重中

介模型具有以下优势：首先，可以得到总的中介效应；其次，可以在控制其他中介变量的情况下，研究每个中介变量的特定效应；再次，可以得到对比中介效应，使研究者可以对多个中介效应中的各个中介效应进行详细对比（方杰等，2011）。在本研究中，学业压力为 X，心理弹性为 M_1，人格外向性为 M_2，人格情绪性为 M_3，学校适应为 Y，如图 5–4 所示。本研究中 $\chi 2$ 为 47.583，数值稍大，但是有研究认为卡方统计量容易受到样本大小的影响（荣泰生，2010），df 为 4，$\chi 2/df$ 为 11.896，GFI 为 0.986，$AGFI$ 为 0.929，CFI 为 0.972，NFI 为 0.969，IFI 为 0.972，$RMSEA$ 为 0.098 尚可接受，p=0.000，总的来看模型拟合度良好，具体如图 5–4 所示。具体各变量间的估计系数如表 5–6 所示。

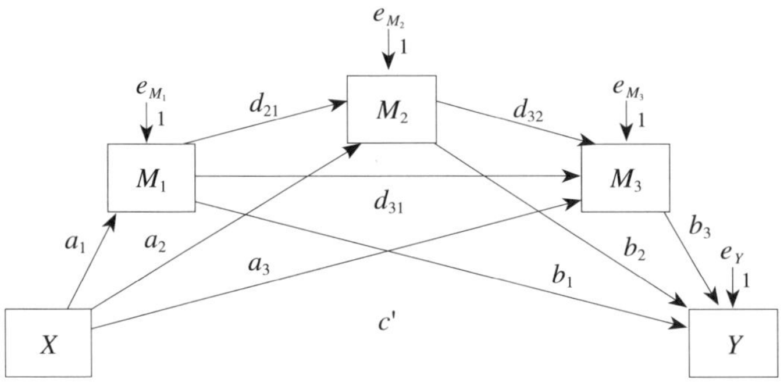

图 5–3　多重中介模型

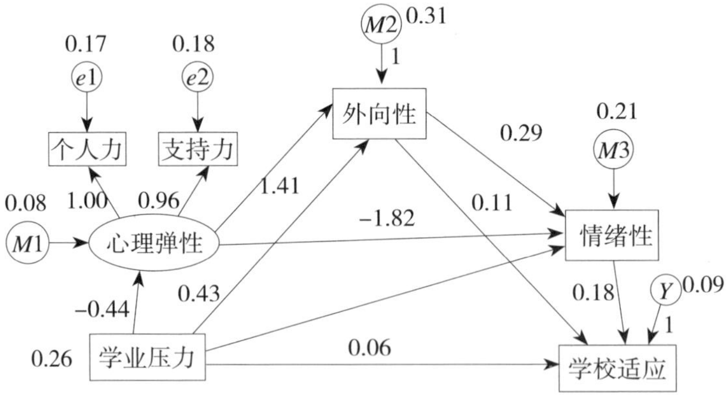

图 5–4　高中生学业压力、心理弹性、外向性、情绪性、学校适应结构方程模型

表 5-6 结构方程模型变量间的分析结果

			Estimate	*S.E.*	*C.R.*	*P*
心理弹性	<---	学业压力	-0.440	0.026	-16.824	***
外向性	<---	心理弹性	1.414	0.151	9.378	***
外向性	<---	学业压力	0.432	0.075	5.778	***
情绪性	<---	外向性	0.293	0.063	4.676	***
情绪性	<---	心理弹性	-1.819	0.233	-7.801	***
情绪性	<---	学业压力	-0.055	0.099	-0.554	0.580
个人力	<---	心理弹性	1.000			
支持力	<---	心理弹性	0.957	0.056	17.129	***
学校适应	<---	学业压力	0.060	0.020	3.018	0.003
学校适应	<---	外向性	0.111	0.013	8.378	***
学校适应	<---	情绪性	0.178	0.014	12.374	***

在结构方程模型中，直接效果（direct effect）是某一变量对另一变量的直接影响。间接效果（indirect effect）是某一变量通过某一中介变量对另一变量的直接影响。总效果等于直接效果加上间接效果。通常认为如果直接效果>间接效果，表示中介变量不发挥作用，如果直接效果<间接效果，表示中介变量具有影响力（荣泰生，2010）。

学业压力与学校适应之间的直接效果为0.60。根据图5-4模型图可知，在学业压力与学校适应间共存在着5条可能的中介路径：① 心理弹性—外向性—情绪性的间接效果的绝对值为0.032（-0.440*1.414*0.293*0.178=-0.032），小于0.060，多重中介效应不存在；② 心理弹性－外向性的间接效果的绝对值为0.069（-0.440*1.414*0.111=-0.069），大于0.060，说明在学业压力与学校适应间心理弹性与外向性起到多重中介效应；③ 外向性的间接效果值为0.047（0.43*0.11=0.047），小于0.060，说明外向性的中介效应不存在；④ 外向性—情绪性的间接效果值为0.022（0.432*0.293*0.178=0.022），小于0.060，说明中介效应不存在；⑤ 心理弹性—情绪性的间接效果值为0.142（-0.440*-1.819*0.178=0.142），大于0.060，说明心理弹性—情绪性的中介效应存在。

根据结构方程模型分析结果，在学业压力与学校适应之间，存在着心理弹性与外向性及心理弹性与情绪性两条中介路径。

三、讨论

结构方程模型结果表明，在学业压力、心理弹性、外向性、情绪性及学校适应中，除心理弹性与学校适应之外均存在着不同程度的相关，这说明了高中生的学校适应除受到个人人格特质的影响之外，还受到学业压力的影响，这与陈会昌（2007）、梁敏（2015）等人的研究一致。在学业压力与学校适应之间，存在着心理弹性与外向性、心理弹性与情绪性两条中介路径，且学业压力与心理弹性存在着负相关，说明了高中生的心理弹性在高中生的心理健康中起着重要作用，提升高中生的心理弹性，可以帮助高中生更好地应对学业压力及学校适应不良，帮助高中生改善心理健康水平，这点与宋广文等人（2014）的研究一致。人格外向性和情绪性在中介路径中也起到了一定的作用，说明高中生的学校适应不良问题既与高中生受到压力有关，又和高中生自身的人格特质有关，人格本身无好坏之分，但是却有健康人格与不健康人格之分，适应性是健康人格所变现出来的基本属性（陈建文，2010），因而，那些在学校适应上出现问题的学生从某种意义上来说不具有健康人格，表现在人格特质上可能就是人格外向性和情绪性得分极端，在学校这个封闭社会中的适应不良可能会导致高中生在步入社会后依然存在适应不良，因而对高中生心理问题的提早发现和干预显得尤为重要。

总之，结构方程模型显示，在学业压力与学校适应中，心理弹性—外向性与心理弹性—情绪性均起着中介作用。

第六章　中学生学业压力与焦虑、抑郁及自杀意念的关系

第一节　有关研究的文献综述

前面我们已经详细探讨过中学生学业压力的问题，讨论了学业压力的性质，综述了中学生学业压力的现状特点。我们也从理论上探讨了中学生学业压力与心理健康的关系。我们认为，中学生学业压力不仅是造成其当前精神困惑和心理痛苦的重要原因，也可能是影响健康成长的重要因素。过大的学业压力直接影响其对学校生活的适应，久而久之，最终可能导致比较严重的心理问题。下文我们综述中学生心理健康问题的几个重要评价指标，为后面的实证研究打下基础，最后也基于文献综述，提出本研究的构想。

一、中学生的抑郁状况

（一）中学生抑郁的性质

抑郁（depression）是一种持续的心境低落、悲伤、消沉、沮丧、不愉快等综合性的情绪状态，是个体生理因素和心理因素共同作用的结果（张

志华等，2007）。长期以来，抑郁对个体的影响都是心理学、医学、哲学研究的重要课题。Cicchetti 等人（1998）认为抑郁可以分为三类，即抑郁障碍、抑郁症状、抑郁情绪。中学生抑郁主要指的是抑郁情绪，但也有少量的抑郁症状及抑郁障碍个体。抑郁情绪是个体日常生活中一种较为常见的负性情绪，是机体适应环境的一种反应（Enns，Cox，Borge，2001）。中学生正处于青春期，生理、心理、社会性发展等各方面都具有其特殊性，他们既要应对身体上"突如其来"的变化，又要在心理上适应新的学习环境、处理师生之间的关系，应对沉重的学习负担、激烈的竞争。在面对这些压力的过程中，中学生容易出现一些适应不良的行为表现，如抽烟、沉迷于网络游戏、逃学、打架斗殴、甚至顶撞教师等，严重的可导致抑郁情绪的产生，甚至出现抑郁障碍、自杀意念和自杀行为。

（二）中学生抑郁的状况

国外研究显示，中学生抑郁症状检出率为 20%—40%（Roberts et al.，1990）。李雷雷等（2010）调查发现，重庆市中学生抑郁发生率高达 58%。冯正直等人（2005）的研究结果显示，中学生的抑郁症状的检出率为 42%。黄莹等人（2011）对云南一万多名中学生的调查发现，抑郁检出率为 24%，其中女生高于男生。原因可能是女生比较敏感，情感比较细腻，学业期望较高，成绩波动容易引起她们的情绪变化。另外，农村中学生的抑郁检出率高于城市中学生。农村学生可能面临着较高的学业压力，因为在大部分农村学生看来，好好学习，考取好的中学和大学，找到理想的工作，改变家庭的经济状况是家长及个人的期望。姚琳等人（2015）也发现，父母的期望值与其子女心理健康的整体水平存在较强相关，父母对子女的心理期望值越高，子女的心理健康水平越低。父母过高的期望，往往会给孩子带来沉重的心理压力和负担。原本沉重的学业压力，加之父母过高的期望，可能会导致孩子心理失衡，甚至产生焦虑、抑郁、失眠等一系列心理及生理问题，再加上农村学生心理健康知识较为匮乏，因此，抑郁程度高于城市学生。八年级学生的抑郁检出率显著高于七年级，八年级可能是抑郁症状发生的关键年级。阳德华（2002）研究发现，初中生的学习成绩与整体抑郁水平存在负相关关系，即学习成绩越好的初中生，其抑郁水平越低，反之，学习成绩越差的初中生，其抑郁水平越高。张弘等人（2008）的研究表明，影响初中生抑郁的因素依次是，学习压力、被同学讥笑、年级、羡慕别人家庭等。

抑郁症是中学生常见的心理问题之一，不仅会引起个体学业不良与社会功能损害，甚至还是导致吸烟和饮酒等物质依赖行为及自杀行为的高危因素。徐伏莲等（2013）的研究发现，中学生抑郁和焦虑症状是引发吸烟、饮酒、自杀意念的危险因素。Renouf 等学者（1990）也认为，抑郁是个体心理失调最常出现的问题之一，青少年抑郁常伴有严重的生理、心理损害和并发症状，如失眠、头疼、焦虑、孤独、低自尊和绝望等。王极盛等人（2003）的研究显示，人际交往和学习压力两个因素对抑郁的产生有重要的影响。

（三）学业压力与抑郁的关系

中学生的学业压力过大，导致自我评价和他人评价过低，成就感不高，可能导致抑郁情绪和抑郁症状。Cole（1991）的研究发现，学习成绩差或学业成就较低的学生常常会受到家长、老师、同伴有意或无意的责骂和羞辱，这些关于其认知能力的负面信息会阻碍其积极的自我图式的发展，使其感到抑郁。不良的学业表现可能使学生产生抑郁情绪，国外一项研究也证实了这一观点，即 10 岁学生的抑郁与其 8 岁时低下的学业成绩存在相关关系（Fauber et al.，1987）。也有调查发现，抑郁情绪与学习困难或学习成绩低有关（Hilsman，Garber，1995）。Chen 等人（1995）对上海市的小学生研究发现，学校社交能力、学习表现的好坏与学生的抑郁情绪存在正相关的关系。学业压力、父母压力和考试焦虑与心理问题之间存在正相关关系（Deb et al.，2015）。Ang 等人（2006）研究显示，学业压力与抑郁和自杀意念之间存在正相关。除此之外，青春期学生的社会支持、心理弹性、是否有家族抑郁史、个体的自尊水平、同辈关系等一系列关系也会影响到学业压力和抑郁的关系。

二、中学生的焦虑状况

（一）中学生焦虑的性质

我国著名心理学家黄希庭（2002）认为，焦虑是个体对即将来临的、可能会造成的危险或威胁所产生的紧张、不安、忧虑、烦恼等不愉快的复杂情绪状态。王极盛（1998）认为，焦虑是指个体由于不能达到目标或不能克服障碍、威胁，自尊心和自信心受挫，或因失败感和内疚感增加而形成的一种紧张、不安、带有恐惧的情绪状态。Krug 等（2002）认为焦虑是个体对外部环境或事件与内在想法及感受的一种不愉快的情感体验。焦虑通常可以分为两类：现实性焦虑和病理性焦虑。现实性焦虑是指个体对现实或潜在挑战、障碍或威胁的一种情绪反应，是个体在面临其不能控制的事件或情景时的正常反应，如个体对期末要进行的考试感到紧张、焦虑。个体焦虑的强度往往与现实或潜在威胁的程度相一致，即潜在威胁程度越大，焦虑程度就越高，反之，潜在威胁程度小，焦虑程度就相对较低。如果现实 / 潜在威胁减弱或消失，个体的焦虑程度也会随之降低或消失。例如，对于初中生而言，月考与期末考相比，前者的焦虑程度远小于后者。适当的焦虑有利于个体“唤醒”潜能和资源来应对威胁，是个体成长不可缺少的情绪，所以现实性焦虑是个体适应环境和解决问题的基本情绪反应，是人类进化的产物。病理性焦虑是指个体对无现实依据或没有具体原因的事情感到紧张不安、甚至恐惧的心理。病理性焦虑的个体常伴有明显的自主神经功能紊乱，常常出现主观痛苦感或社会功能受损。临床和流行病学研究表明，焦虑障碍与自杀意念和自杀未遂之间存在显著正相关。

（二）中学生焦虑的现状

胡春梅（1997）对两千余名中学生调查发现，79% 的中学生对学业成绩（考试分数）存在着过度焦虑现象。张德甫等（2001）的研究表明，中学生的学习焦虑是一个较普遍的问题，其检出率为 60%。万鹏飞等人（2005）研究发现，大连地区学生的焦虑发生率为 24%。顾宇莲等（2012）对安徽省一千多名初中生调查的结果显示，当前初中生具有较普遍的学习焦虑问题。因此，在我国，中学生的焦虑问题较为普遍。已有研究（Last et al., 1996）表明个体的焦虑程度与其日后的心理疾病存在因果关系。中学生学业压力与焦虑存在正相关关系，学业压力是引起焦虑水平上升的危险因子（Leung et al., 2010）。楼玮群等人（2000）的研究表明，学业压力是影响中学生焦虑的重要因素之一。中学生主要的任务就是学习，特别是面临着中考与高考的毕业班学生，学习任务繁重，竞争压力大，大部分学生十分重视考试分数，学业压力的大小与考试分数的高低可能是引发中学生焦虑的重要因素。Kloet 等人（2005）认为压力可以导致焦虑的情绪和焦虑症。因此，积极关注初中生焦虑问题，可以预防和缓解因焦虑引发的一系列心理问题，促进中学生身心的健康发育。

三、中学生的自杀意念状况

（一）自杀意念的性质

何兆雄（1997）将自杀意念（suicidal ideation/suicidal thoughts）定义为个体偶然或有时感知到的自杀行为动机或念头，胡思乱想或打算自杀，但没有采取实际行动或达到这一目的的外显行为。自杀意念是自杀企图的游离因子，自杀意念是个体想结束自己生命的一种想法。美国学者（Beck et al., 1999）将自杀过程细分为自杀意念（suicidal ideation）、自杀未遂（attempted suicide）和自杀死亡（completed suicide）。自杀未遂是指个体采取了结束自己生命的行为，但这一行为并未造成个体的死亡。自杀死亡（completed suicide）是指个体采用有意或故意伤害或毁灭的行为，其行为结果是造成个体死亡。许多学者（Brown et al.，2000）认为，自杀意念是预测自杀未遂的主要危险因子之一，它是自杀未遂的前兆，同时也是自杀未遂行为和自杀行为的危险因子，因此，研究学业压力与中学生的自杀意念的关系，可以了解中学生自杀的原因，有效预防和缓解初中生因学业压力过大导致的自杀未遂和自杀行为的发生。

（二）自杀意念的现状

王金燕（2011）的研究表明中学生年自杀意念检出率为10.7%。张敏（2007）的调查结果显示中学生自杀意念的检出率为18.4%，且女生的自杀意念检出率显著高于男生。梁军林等人（2000）的调查表明中学生的自杀意念报告率为20%；董永海等（2014）采用元分析方法研究的结果表明，中学生自杀意念检出率为17.7%。从上述文献中可以看出，自杀意念已经成为影响我国中学生心理健康的重要因素之一。中学生的自杀意念检出率较高可能与其学业压力有密切的关系，中学生的主要任务是学习，主要的压力也来自学习（常向东等，2014）。初中的学习与小学明显不同，科目增多，难度增加，个体的学习方式更加主动，同学之间的竞争明显而激烈，同时还要处理好与老师和同学的关系，原本沉重的学习负担，再加上青春期个体生理、心理方面的特殊性，使个体常常感到对学习力不从心，表现出一系列的心理和行为问题，如焦虑、抑郁、自杀意念、逃课、吸烟、饮酒、沉迷于网络游戏、打架斗殴。由于受到我国“唯有读书高”的文化传统的影响，大多父母都尽最大的能力给子女提供优质的教育资源，上好幼儿园、读重点小学、上名牌中学，为的是让子女能考上名牌大学。家长过高的期望给孩子带来了较大的压力，孩子唯一能“回报”父母的就是好好学习，考取优异的成绩，但这种期望往往超过了孩子能力承受的范围，给孩子带来较大的学习负担。如果考试不理想，考试排名靠后，个体就会感到内疚、羞愧，考试焦虑、长期的学习表现不良可能使个体产生消极的情绪，降低学生的自尊水平，甚至出现自杀意念、打架斗殴、盗窃及自杀行为等危险行为。

四、学业压力、抑郁、焦虑与自杀意念的关系

在我国，优质的教育资源相对集中和稀缺，学生要考入 重点学校，就必须取得优异的成绩，“挤过独木桥，鱼跃龙门”。学业成绩是评价学生的重要手段，学生、家长及老师都把学业成绩看得十分重要。如果学生没有取得优异的成绩，就无法实现自己的目标及亲人的期望，在老师、朋友面前没有“面子”。如果长期学业成绩不理想，学生可能对学习失去兴趣，对自己失去信心，自尊心受到伤害，出现抑郁情绪、自杀意念，严重者甚至采取自杀未遂及自杀行为（Baumeiste，1990）。

我国大部分中学生感到学业压力较大，他们对此感到焦虑，学业压力与焦虑间存在显著的正相关关系。焦虑是一种生理、心理状态，常常伴随着一定的情绪、行为表现、认知活动。适当的焦虑可以“唤醒”个体，提高行为动机，以利于个体更好地适应环境，但强度过大的焦虑状态可能给个体带来心理问题，造成焦虑症，甚至引发抑郁、自杀意念、自杀未遂及自杀行为。一些研究表明焦虑障碍和焦虑症状会增加自杀未遂行为的风险（Cougle et al.，2009；Khan et al.，2002），焦虑对自杀意念和自杀行为起着重要的作用。一项元分析研究（Kanwar et al.，2013）表明，除强迫症之外，任何类型的焦虑症患者的自杀率都较高。

Juon 等人（1994）对韩国 9866 名青少年的研究发现，那些感觉学业压力大的学生，更有可能出现自杀意念。在新加坡也有学者得到类似的结论，在学习困难的青少年中，有 11% 的人曾经试图自杀（Ung，2003）。Andrews 等人（1992）认为，抑郁是青少年自杀意念的主要危险因子。抑郁的个体常表现出孤独、绝望、焦虑、无助、失望、自卑、缺乏价值感、自尊水平低等负面心理问题。如初中生既要面对沉重的学习负担，又要应

对青春期生理及心理方面的特殊变化，再加上父母期望、老师的要求、同学间的竞争，对他们来说每一次考试都具有重大的意义。成绩差的同学可能压力更大，常常感到自卑与无助，这些心理都有可能引起自杀意念。Thompson 等人（2009）研究发现，个体对生活的绝望与自杀未遂具有较强的相关关系。自尊水平低的个体，其自杀意念水平较高。因此在预防初中生自杀行为时，既要关注个体的抑郁水平，又要帮助个体提高自尊水平，培养学生的自信心，提高学生的价值感。多开展集体活动，让同学们融入集体，尽可能地减少因学业压力带来的孤独感，同时积极开展心理健康教育，为学业压力大的学生建立个人档案，及时评估他们的焦虑、抑郁水平，建立起互帮互学的学习小组。

五、对已有研究的评价和未来研究的设想

综合上述文献，已有研究更多关注的是中学生学业压力、中学生抑郁、焦虑以及自杀意念的严重程度，产生的原因，对中学生心理的负面影响。本书在前人研究的基础上，探究中学生学业压力、学业压力易感性、中学生抑郁、中学生焦虑与自杀意念之间的内在机制，如中学生抑郁在学业压力与自杀意念关系中的中介作用，焦虑在中学生学业压力与自杀意念关系中的中介作用，焦虑与抑郁在中学生学业压力与自杀意念关系中的双重中介作用。

本部分以初中生为研究对象，采用中学生学业压力量表、中学生压力易感性量表、中学生抑郁量表、中学生焦虑量表、自杀意念量表，通过 IBM-SPSS 和 IBM-AMOS 软件，研究初中生学业压力、学业压力易感性、抑郁、焦虑及自杀意念之间的关系，探讨与分析抑郁、焦虑在初中生学业压力与自杀意念关系中的中介作用，以期更多地了解初中生学业压力与自杀意念之间的机制，为初中生心理健康教育活动的开展提供有效的实证研究依据，促进初中生心理健康工作的发展（姚逸斌，2016）。本部分设计 5 个研究，下面予以详细说明。

第二节 中学生学业压力、学业压力易感性、焦虑、抑郁及自杀意念的现状调查

本节研究初中生在学业压力、学业压力易感性、抑郁、焦虑、自杀意念在年级、生源地、学校类型等人口统计学变量上的特点，有利于中学心理咨询老师了解初中生学业压力的特点以及由此引发的一系列心理健康问题，方便其建立学生心理档案，对心理健康问题做到预防与缓解。

一、研究方法

（一）研究被试

该研究采取简单随机整群取样的方法，在陕西省渭南市、四川省攀枝花市、重庆市沙坪坝区 3 所中学各抽取 400 名学生，参加此次问卷调查，分别委托 3 名具有心理咨询师资质的主试发放问卷 400 份，合计 1200 份。当场回收问卷 1100 份，有效回收率 91.67%。可能是由于复习时间比较紧张，初三学生所填写的问卷有部分信息遗漏，与主试核实后，剔除缺失重要信息的 84 份问卷，有效问卷共计 1016 份。

（二）研究工具

采用中学生学习压力问卷、中学生学业压力易感性问卷、中学生抑郁量表、中学生焦虑量表、青少年自杀意念量表。

（1）中学生学习压力问卷

采用徐嘉骏等人（2010）编制的中学生学习压力问卷，该量表有 21 道题目，以 5 点方式计分，分为父母压力、自我压力、教师压力和社交压力四个维度。第一维度——父母压力（2，3，4，7，11，15），第二维度——自我压力（8，9，12，13，16，17），第三维度——教师压力（5，6，10，18，19），第四维度——社交压力（1，14，20，21）。四个维度

的克隆巴赫内部一致性系数在0.6—0.75之间，总量表的系数为0.8，说明中学生学习压力量表具有较好的信度。

（2）中学生学业压力易感性问卷

采用袁娅婷（2015）编制的中学生学业压力易感性问卷，该量表共28道题目，以5点方式计分，分为家庭环境、师生关系、学习态度及社会评价四个维度。家庭环境维度包括10个题目（1、5、6、10、14、15、19、20、22、25）；师生关系维度包括7个题目（2、7、11、16、21、23、26）；学习态度维度包括6个题目（3、8、12、17、24、27）；社会评价维度包括5个题目（4、9、13、18、28）。四个克隆巴赫内部一致性系数为：家庭环境0.944，师生关系0.897，学习态度0.858，社会评价0.855，问卷的整体系数为0.951。在本研究中，家庭环境的系数为0.852，师生关系的系数为0.831，学习态度的系数为0.762，社会评价的系数为0.6. 总量表的系数为0.9，说明中学生学业压力易感性问卷具有较好的信度。

（3）中学生抑郁量表

采用王极盛（1997）编制的中学生抑郁量表，共20项，以五点方式计分。该量表含三个维度：一般抑郁、和学业有关的抑郁、和人际关系有关的抑郁。一般抑郁维度有13道题目（1、2、3、5、6、8、9、10、11、13、14、18）；和学业有关的抑郁维度有5道题目（4、12、16、19、20）；和人际关系有关的抑郁维度有3道题目（7、15、17）。该量表整体的 α 系数为0.92。本研究问卷的克隆巴赫系数分别为：一般抑郁 α 系数为0.92，学业抑郁 α 系数为0.8，与人际有关的抑郁的 α 系数为0.67，整体量表的 α 系数为0.94。

（4）中学生焦虑量表

采用王极盛（2003）编写的中学生焦虑量表，该量表共有20道题目，以5点方式计分，该量表包含四个维度：第一维度，一般焦虑有5个题目（1、2、3、13、17）。第二维度，与人际有关的维度，有8个题目（5、8、9、10、11、12、14、18）。第三维度，考试焦虑，有5个题目（4、6、16、19、20）。第四维度，作业维度，有2个题目（7、17）。该量表的 α 系数为 0.92。在本研究中，一般焦虑的系数为 0.79，与人际有关的维度的系数为 0.86，考试焦虑维度的系数为 0.7，作业维度系数为 0.6，问卷的整体系数为 0.92。

（5）中学生自杀意念量表

采用王学志等人（2011）修订的青少年自杀意念量表，该量表分积极自杀意念和消极自杀意念两个维度，以 5 点方式计分，共 14 道题目。积极自杀意念的系数为 0.81，消极自杀意念的系数为 0.95，量表的整体系数为 0.92。在本研究中，积极自杀意念的系数为 0.83，消极自杀意念的系数为 0.94。

（三）施测与数据处理

以班级为单位，在主试的安排下统一施测，被试在课堂里接受测验，测验需 20 分钟完成，老师当场回收所有问卷。运用 IBM-SPSS 21.0 对收集的数据进行缺失值处理、数据统计与分析。

二、研究结果与讨论

（一）初中生学业压力、学业压力易感性、焦虑、抑郁和自杀意念在年级上的差异

为检验学业压力、学业压力易感性、焦虑、抑郁与自杀意念在不同年级（七年级、八年级、九年级）上是否存在差异，以年级为自变量，以学业压力、学业压力易感性、焦虑、抑郁、自杀意念为因变量，做单因素方差分析。不同年级（七年级、八年级、九年级）的初中生在学业压力、学业压力易感性、焦虑、抑郁及自杀意念上都存在显著的统计学差异。七年级、八年级、九年级学生在学业压力上存在明显的统计差异，F（2.1013）=35.61，$p < 0.001$。七年级、八年级、九年级学生在学业压力易感性水平上存在明显的统计差异，F（2.1013）=20.54，$p< 0.001$。七年级、八年级、九年级学生在焦虑

上存在明显的统计差异，F（2.1013）=6.67，$p < 0.001$。初一、初二、初三学生在抑郁上存在明显的统计差异，F（2.1013）=13.55，$p < 0.001$。在自杀意念上存在年级差异，F（2.1013）=9.23，$p< 0.001$，结果如表 6–1 所示。

表 6–1　学业压力、学业压力易感性、焦虑、抑郁、自杀意念在不同年级上的差异

变量		*SS*	*df*	*MS*	*F*	*p*
学业压力	组间	8451.19	2	4225.59	35.61	0.000***
	组内	120221.15	1013	118.68		
压力易感性	组间	11867.88	2	5933.94	20.54	0.000***
	组内	292682.07	1013	288.93		
焦虑	组间	2988.948	2	1494.47	6.67	0.001**
	组内	227023.09	1013	224.11		
抑郁	组间	5767.015	2	2883.51	13.55	0.000***
	组内	215626.69	1013	212.86		
自杀意念	组间	1543.17	2	771.58	9.23	0.000***
	组内	84689.38	1013	83.60		

注：$^{*}p < 0.05$，$^{**}p < 0.01$，$^{***}p < 0.001$。下同。

对学业压力、学业压力易感性、焦虑、抑郁、自杀意念在不同年级上的单因素方差分析的效应量进行分析的结果表明，学业压力在年级上的实际效应量中等，有 95.1% 的正确概率拒绝虚无假设，实际效应量需要的最小样本量为 384。学业压力易感性、焦虑、抑郁、自杀意念四个变量在不同年级上的单因素方差分析的效应量小。学业压力易感性在不同年级的实际效应量为 95.1%，即有 95.1% 的正确概率拒绝虚无假设，实际效应量需要的最小样本量为 387。焦虑在不同年级的实际效应量为 95.0%，即有 95.0% 的正确概率拒绝虚无假设，实际效应量需要的最小样本量为 1182，本研究的样本量为 1016，未达到所需的最小样本量，但在样本量为 1000 时，也可以达到 91% 的实际效应量。大多数社会科学领域采用的效应力（1–）标准为 0.80，按照这一标准，只需要 738 个样本。抑郁在不同年级的实际效应量为 95.1%，即有 95.0% 的正确概率拒绝虚无假设，实际效应量需要的最小样本量为 585。自杀意念在不同年级的实际效应量为 95.1%，即有

95.0% 的正确概率拒绝虚无假设，实际效应量需要的最小样本量为 855，结果如表 6-2 所示。

表 6-2 学业压力、压力易感性、焦虑、抑郁、自杀意念在不同年级上检验的效应量

变量	学业压力	学业压力易感性	焦虑	抑郁	自杀意念
F 效应量（effect size f）	0.265	0.201	0.11	0.163	0.135
实际效应量（actual power）	0.951	0.951	0.95	0.951	0.950

学业压力、学业压力易感性、焦虑、抑郁、自杀意念在年级上都存在统计学意义，需要进行事后检验。在方差分析中，较为常用的方法为 TUKEY 或 SCHEFFE，本书一致采用 SCHEFFE 法进行事后检验。如表 6-3 所示，比较不同年级学生在学业压力上的均值，可以得到以下结论：七年级学生与八年级学生在学业压力上存在显著统计差异（Sig < 0.001），八年级学生的学业压力明显大于七年级学生。七年级学生与九年级学生在学业压力上也存在显著的统计差异（Sig < 0.001），九年级学生的学业压力明显大于七年级学生。但八年级学生和九年级学生相比，统计差异不显著（Sig > 0.05）。

表 6-3 不同年级在学业压力上差异的事后检验

变量	年级	平均差	标准误	显著性	*CI* 下限	*CI* 上限
七年级	八年级	−4.92*	0.78	0.000***	−6.74	−3.09
	九年级	−7.02*	0.91	0.000***	−9.13	−4.90
八年级	七年级	4.92*	0.78	0.000***	3.09	6.75
	九年级	−2.10	0.90	0.052	−4.21	0.01
九年级	七年级	7.02*	0.90	0.000***	4.90	9.13
	八年级	2.10	0.90	0.052	−0.01	4.20

初中生处在一个生理和心理迅速发展的特殊阶段，既要面对自我同一性的困扰，又要面对学业方面的压力。七年级学生的课业负担和考试压力相对较小，到了八年级，随着科目难度的增加和考试竞争压力的增大，个体会明显体验到学习压力大，特别是九年级，在大部分学生都要面临着中考，考试的压力，父母、老师的期望，同伴的竞争等一系列因素导致九年级的学生学业压力更大。城市的教育资源相对优质，大多数情况下，城市

初级中学的硬件设施和教师实力优于农村和城镇的初中，城市初中生的压力相对较小，农村和城镇的中学生教育资源相对落后一些，只能靠学生“拼命”的学习，只有这样才有可能考上当地的重点中学。笔者在和朋友讨论初中生的学业压力时，大家纷纷表示农村和城镇学校的学业压力较大，来自河南和山东的同学说他们上了初中就开始上晚自习，并且一周只休息一天，这一情况基本属实。

对比不同年级学生在学业压力易感性上的事后检验结果可以发现：八年级学生的学业压力易感性明显高于初一学生（$Sig < 0.001$）；九年级学生的学业压力易感性明显高于七年级学生（$Sig < 0.001$）；九年级学生的学业压力易感性略高于八年级学生，但统计学差异不明显（$Sig > 0.05$），结果如表 6–4 所示。

表 6–4　不同年级学生在学业压力易感性上的多重比较

变量	年级	平均差	标准误	显著性	CI 下限	CI 上限
七年级	八年级	–6.42*	1.22	0.000***	–9.28	–3.57
	九年级	–7.82*	1.41	0.000***	–11.12	–4.52
八年级	七年级	6.42*	1.22	0.000***	3.57	9.28
	九年级	–1.40	1.40	0.578	–4.70	1.89
九年级	七年级	7.82*	1.41	0.000***	4.52	11.12
	八年级	1.40	1.40	0.578	–1.89	4.70

面对着这样的学业压力，不同压力易感性的个体所感到的压力强度是不一样的，对那些具有心理弹性的个体而言，他们能适应这样环境，避免受到伤害，但对于具有压力易感性的个体，他们可能感受到更大的压力，高易感性的个体对环境的感受性较高，易感性越高的人，越能感受到环境的持续变化，可能受到压力导致的伤害也相对严重。生物的环境易感理论和易感性个体差异理论支持了这一观点（Ellis et al.，2011），特别是随着年级的升高，学业压力增大，他们所感受的压力可能更大。因此，初三学生的压力易感性水平较高。

对比不同年级学生在焦虑上的事后检验可以得出下列结论：初二学生的焦虑水平明显高于初一学生（$Sig < 0.001$）；初三学生的焦虑程度明显高于初一学生（$Sig < 0.05$）；但初三学生和初二学生的焦虑水平大体一致，

不存在统计学差异（$Sig > 0.05$）。可以发现，在三个年级中，八年级学生的焦虑水平较高，结果如表 6–5 所示。

表 6–5　不同年级学生在焦虑水平上的比较

变量	年级	平均差	标准误	显著性	*CI* 下限	*CI* 上限
七年级	八年级	–3.52*	1.07	0.003**	–6.03	–1.01
	九年级	–3.54*	1.24	0.012*	–6.44	–0.63
八年级	七年级	3.52*	1.07	0.003**	1.00	6.03
	九年级	–0.02	1.24	1.00	–2.92	2.88
九年级	七年级	3.54	1.24	0.012*	0.63	6.45
	八年级	0.019	1.24	1.00	–2.88	2.92

焦虑是初中生最常见的心理问题之一，初中生的焦虑主要来自学业压力、学校的适应、人际交往、成长的烦恼。初中生在进入初中之后，与小学教育相比，学科增多，学习方式相对独立，学习负担加重，竞争程度增强，这一切都给中学生带来了压力，特别是学业压力，学习成绩的高低成为衡量学生学业成就的主要指标，学习成绩好的学生可能更加自信，自尊水平也较高；成绩低或不理想的学生可能感受到较多的焦虑。学业压力越大，他们感到的焦虑水平就越高，这可能是导致八年级、九年级学生的焦虑程度与初一学生出现显著差异的主要原因。

对比不同年级学生在抑郁程度上的事后检验，可以得出下列结论：八年级学生的抑郁水平明显高于七年级学生（$Sig < 0.01$），九年级学生的抑郁程度明显高于七年级学生（$Sig < 0.001$），但九年级学生和八年级学生抑郁水平大体一致，不存在统计学差异（$Sig > 0.05$）。可以发现在三个年级中，九年级学生抑郁水平较高，结果如表 6–6 所示。

表 6–6　不同年级学生抑郁水平的比较

变量	年级	平均差	标准误	显著性	*CI* 下限	*CI* 上限
七年级	八年级	–3.43*	1.04	0.003**	–5.88	–0.99
	九年级	–6.11*	1.20	0.000***	–8.94	–3.28
八年级	七年级	3.43*	1.04	0.003**	0.99	5.88
	九年级	–2.68	1.20	0.068	–5.50	0.15
九年级	七年级	6.11*	1.20	0.000***	3.28	8.94
	八年级	2.68	1.20	0.068	–0.15	5.50

Hankin 等（2006）研究表明，个体自尊水平低和人际关系敏感是引发抑郁发病的主要危险因素之一。张弘等人（2008）的研究也认为学业压力是影响中学生抑郁的因素之一。初中生年级越高，学习任务就越重，特别是随着中考的临近，个体感受到的学业压力也越来越大，出现抑郁倾向的可能性就越高，所以八年级、九年级学生的抑郁水平显著高于七年级学生。

对比不同年级学生在自杀意念上的事后检验，可以得出下列结论：九年级学生的自杀意念水平明显高于七年级学生（$Sig < 0.001$），八年级学生的自杀意念程度也明显高于七年级学生（$Sig < 0.05$），八年级学生和九年级学生抑郁水平大体一致，不存在统计学差异（$Sig > 0.05$）。可以发现在三个年级中，九年级学生自杀意念水平较高，结果如 6-7 所示。

表 6-7　不同年级自杀意念的比较

变量	年级	平均差	标准误	显著性	CI 下限	CI 上限
七年级	八年级	-1.76*	0.65	0.028*	-3.36	-0.15
	九年级	-3.17*	0.76	0.000***	-5.02	-1.31
八年级	七年级	1.76*	0.65	0.028*	0.15	3.36
	九年级	-1.41	0.75	0.175	-3.26	0.44
九年级	七年级	3.17*	0.76	0.000***	1.31	5.02
	八年级	1.41	0.75	0.175	-0.44	3.26

自杀意念的严重程度增加了自杀未遂行为的风险，自杀未遂行为的增加又增加了自杀行为的风险（Bridge，2006），因此，自杀意念是自杀行为的危险因子。从八年级年级开始，学习要求逐步上升，由简单的知识识记到综合运用和分析，难度也大大增加，再加上父母“望子成龙”的期望和“万般皆下品，唯有读书高”的传统思想，父母集全家之力，让孩子上重点、读名校，孩子为了不辜负父母的期望、老师的教诲，刻苦学习，“过五关，斩六将”，真可谓是“身经百战”。胜者，家长鼓励，老师表扬，同学羡慕，再接再厉；败者，垂头丧气，家长无奈，老师无语。在这种环境中，初中生会慢慢对分数、排名、考试等变得敏感，特别是那些学习困难的学生会体验到较多的压力、焦虑与抑郁情绪，Walsh 等人（2007）的研究证实了这一看法。屈坚定等（2002）的研究表明，负性生活事件与自杀意念呈负相关，过大的压力、焦虑、抑郁是诱发自杀意念的危险因子，

焦虑和抑郁与自杀意念存在密切的关系，九年级学生的学业压力、焦虑、抑郁水平显著高于七年级学生。农村和城镇学生在面对这些负面的事件时，可能因为缺少专业的心理咨询老师，出现自杀念头的可能性会高于城市学生。

（二）初中生学业压力、学业压力易感性、焦虑、抑郁和自杀意念在不同生源地的差异

为检验学业压力、学业压力易感性、焦虑、抑郁与自杀意念在不同生源地（城市、城镇、农村）上是否存在差异，以生源地为自变量，以学业压力、学业压力易感性、焦虑、抑郁、自杀意念为因变量，做单因素方差分析。研究显示：不同生源地（城市、城镇、农村）的初中生在学业压力和自杀意念变量上存在显著统计学差异 $F(2.1013)=6.99$, $p<0.01$, $F(2.1013)=13.8$，$p<0.001$，但在学业压力易感性、焦虑、抑郁上不存在统计学意义，结果如表 6–8 所示。

表 6–8 学业压力、压力易感性、焦虑、抑郁、自杀意念在不同生源地上的差异

		平方和	*df*	*MS*	*F*	*p*
学业压力	组之间	1751.72	2	875.86	6.99	0.001**
	组内	126920.62	1013	125.29		
	总计	128672.34	1015			
压力易感性	组之间	714.19	2	357.09	1.19	0.304
	组内	303835.76	1013	299.94		
	总计	304549.95	1015			
焦虑	组之间	927.64	2	463.82	2.05	0.129
	组内	229084.40	1013	226.15		
	总计	230012.04	1015			
抑郁	组之间	875.94	2	437.97	2.01	0.134
	组内	220517.76	1013	217.69		
	总计	221393.70	1015			
自杀意念	组之间	2287.06	2	1143.53	13.80	0.000***
	组内	83945.49	1013	82.87		
	总计	86232.55	1015			

对不同生源地（城市、城镇、农村）学生在学业压力上的事后检验结果进行分析，可以得出下列结论：城市生源地学生的学业压力水平明显低于城镇（*Sig*<0.05）和农村（*Sig*< 0.01）地区的学生，城镇学生的学业压力与农村

学生的学业压力基本一致，无统计学差异（$Sig > 0.05$），结果如表 6–9 所示。

表 6–9　不同生源地学生在学业压力上的比较

生源地	平均差	标准误	显著性	CI 下限	CI 上限
城镇	–2.71*	0.90	0.010*	–4.91	–0.52
农村	–2.85*	0.83	0.003**	–4.90	–0.80
城市	2.71*	0.90	0.010*	0.52	4.91
农村	–0.13	0.87	0.988	–2.26	2.00
城市	2.85*	0.83	0.003**	0.80	4.90
城镇	0.13	0.87	0.988	–2.00	2.26

分析不同生源地（城市、城镇、农村）学生在自杀意念上的事后检验结果可知：城市生源地学生的自杀意念水平明显低于城镇（$Sig<0.05$）和农村（$Sig<0.01$）地区的学生，城镇学生的自杀意念与农村学生的自杀意念基本一致，无统计学差异（$Sig>0.05$），结果如表 6–10 所示。

表 6–10　不同生源地学生在自杀意念上的多重比较

生源地	平均差	标准误	显著性	CI 下限	CI 上限
城镇	–2.58*	0.73	0.002**	–4.37	–0.80
农村	–3.48	0.68	0.000***	–5.14	–1.82
城市	2.58*	0.73	0.002**	0.80	4.37
农村	–0.90	0.70	0.444	–2.63	0.83
城市	3.48*	0.68	0.000***	1.82	5.14
城镇	0.90	0.70	0.444	–0.83	2.63

一般情况下，农村和城镇学生的家庭经济条件相对差一些，孩子求学的主要目的是为了改变自己和家庭的命运，但他们可以使用的资源相对较少，因此，农村和城镇的学生就必须通过求学的方式来实现自己和家人的目标。当求学成为他们向社会上层流动的主要手段时，他们将学业看得十分重要。父母为了不让孩子走“自己的老路”，期望孩子通过学业改变命运，学业压力也就大一些。城市生源地学生家长拥有较多的资源，子女选择的道路也相对较多，可以读私立高中、艺术学校，甚至在国外读书，择校、求学的压力就会相对小一些。因此，城市初中生的学业压力就相对较小。

从不同生源地来看，农村和城镇初中生自杀意念水平较高，与城市初中生的自杀意念水平存在显著的差异。这可能是因为来自农村和城镇生源地的学生家庭经济条件相对于城市学生差一些，家庭负担相对较重，父母的受教育水平相对较低，子女的学习压力较大，所在学校的心理健康知识相对缺乏。这一结论与常向东等人（2014）的研究一致。

三、总结与结论

在学业压力方面，年级越高，学业压力越大，八年级、九年级学生的学业压力显著大于七年级学生，九年级学生的学业压力大于八年级学生，但差异不显著，农村和城镇初中生的学业压力显著高于城市初中生，但农村学生和城镇学生的学业压力的差异不显著。

在压力易感性方面，随着年级的升高，学业压力易感性水平变得越来越高，九年级学生的压力易感性水平最高，八年级学生中等，七年级学生易感性水平最小，且与八年级、九年级学生存在统计学上的差异。

在焦虑方面，九年级学生的焦虑水平最高，八年级次之，七年级最低，八年级和九年级学生的焦虑水平与七年级学生存在统计学上的差异。

在抑郁方面，七年级学生的抑郁程度小于八年级学生，八年级学生的抑郁程度又小于九年级学生，七年级学生与八年级学生的抑郁程度和九年级学生之间存在统计学上的显著差异。

在自杀意念方面，年级越高，自杀意念的水平越高，即九年级学生的自杀意念水平最高，八年级学生居于中等，七年级学生最小。八年级和九年级学生的自杀意念与七年级学生存在显著的差异，但八年级与九年级学生在自杀意念水平上无显著统计学差异。

城市生源地学生的学业压力水平、自杀易感性水平明显低于城镇（$Sig<0.05$）和农村（$Sig<0.01$）地区的学生，城镇学生的学业压力、自杀意念与农村学生的学业压力、自杀意念水平基本一致，无统计学差异（$Sig>0.05$）。

第三节 中学生学业压力与学业压力易感性的相关分析

本节探讨学业压力易感性与学业压力的相关关系，通过多元回归分析方法探究学业压力易感性对初中生学业压力的预测作用。

一、研究方法

（一）研究对象

采取简单随机整群取样的方法，在陕西省渭南市、四川省攀枝花市、重庆市沙坪坝区 3 所中学各抽取 400 名学生，参加此次问卷调查。分别委托 3 名具有心理咨询师资质的主试发放问卷 400 份，合计 1200 份。回收 1100 份，有效回收率 91.67%。可能由于复习时间比较紧张，九年级学生所填写的问卷有部分信息遗漏，与主试核实后，剔除缺失重要信息的 84 份问卷，有效问卷共计 1016 份。

（二）研究工具

采用中学生学习压力易感性问卷、中学生学业压力问卷。说明同上。

（三）施测与数据分析

以班级为单位，在主试的统一安排下施测，被试在课堂上接受测验，测验大约需 20 分钟完成，老师当场回收问卷。运用 IBM–SPSS 20.0 对收集的数据进行缺失值处理、相关分析和多元回归分析。

二、研究结果

（一）学业压力易感性各维度与初中生学业压力各维度的相关

分别对学业压力易感性的四个维度（家庭环境、师生关系、学习态度、社会评价）与初中生学业压力的各维度进行相关分析，分析结果如表 6–11 所示。

表 6–11 中的数据显示，学业压力易感性各维度与学业压力之间的相关均达到显著水平。家庭环境方面的压力与初中生学业压力呈中等相关关系（0.40 ≤ r<0.69），师生关系方面的压力与初中生学业压力呈中等相关关系，学习态度和社会评价的压力与初中生学业压力呈低相关关系。

表 6–11　学习压力易感性各维度与初中生学业压力的相关矩阵

	1	2	3	4	5
1 学业压力	—				
2 家庭环境压力	0.592**	—			
3 师生关系压力	0.538**	0.660**	—		
4 学习态度压力	0.469**	0.653**	0.720**	—	
5 社会评价压力	0.378**	0.297**	0.274**	0.212**	—

（二）学业压力易感性对初中生学业压力的预测作用

采用逐步回归法进行多元统计分析，以学业压力易感性的四个维度为自变量，以初中生学业压力为效果变量，结果如表 6–12 所示。

表 6–12　学业压力易感性维度对初中生学业压力的多元回归分析结果

模型		非标准化系数		标准系数	t	p	共线性统计	
		B	标准误	Beta			容忍值	VIF
1	（常量）	34.873	0.914		38.155	0.000***		
	家庭环境压力	0.0866	0.037	0.592	23.394	0.000***	1.000	1.000
2	（常量）	27.777	1.205		23.053	0.000***		
	家庭环境压力	0.770	0.037	0.526	20.564	0.000***	0.912	1.097
	社会评价压力	0.674	0.078	0.221	8.649	0.000***	0.912	1.097
3	（常量）	26.638	1.185		22.481	0.000***		
	家庭环境压力	0.553	0.047	0.378	11.761	0.000***	0.550	1.819
	社会评价压力	0.613	0.076	0.201	8.027	0.000***	0.901	1.110
	师生关系压力	0.446	0.061	0.234	7.337	0.000***	0.558	1.79
模型一		R^2=0.351　adj　R^2=0.35						
		F（1，1014）= 547.26　（P=0.000）						
模型二		R^2=0.395　adj　R^2=0.394						
		F（2，1013）= 330.95　（P=0.000）						
模型三		R^2=0.426　adj　R^2=0.424						
		F（3，1012）= 250.08　（P=0.000）						

注：预测变量为学业压力易感性的四个维度，结果变量为学业压力。

多元回归分析结果表明：模型一，学业压力易感性的“家庭环境”维度可以解释学业压力35.1%的变异量［$F(1, 1014)=547.26$，$p=0.000$］。模型二，学业压力易感性的“社会评价”维度作为自变量进入模型，该变量能单独解释因变量（学业压力）4.4%的变异量，F变异量为74.80（$p=0.000$），模型二包括家庭环境和社会评价两个自变量，总计可以解释因变量（学业压力）39.5%的变异量，因此模型二的两个自变量具有统计学意义，$F(2, 1013)=330.95$（$p=0.000$）。在模型三中，选取学业压力易感性的“师生关系”维度，该变量能单独解释学业压力3.1%的变异量，F变异量为53.828（$p=0.000$），模型三包括家庭环境、社会评价和师生关系三个自变量，总计可以解释因变量（学业压力）42.6%的变异量，因此，进入模型三的三个自变量具有统计学意义，$F(3, 1012)=250.08$（$p=0.000$）。学业压力易感性预测学业压力的方程（非标准化）$Y`=0.553\times$家庭环境$+0.613\times$社会评价$+0.446\times$师生关系$+26.638$，该公式在学业压力的预测时，估计的标准误为8.545。

三、分析与讨论

从整体上看，学业压力易感性各维度与初中生学业压力之间的相关均达到显著水平，家庭环境压力和师生关系压力与学业压力的相关达到中等显著水平。中学生的学业压力主要来自于家庭环境，父母过高的期望和严厉的要求是中学生学业压力过大的最重要的影响因素。因此，中学生内心所形成的学业压力易感性结构，来自家庭环境的因素是主要的构成成分。一旦在学习上碰到困难和麻烦，也容易使中学生联想到可能因此而来的严重的家庭生活的危机。在中学生的学业发展上，家庭功能在承载支持作用的同时，更多的是导致中学生学业压力的重要易感性因素。师生关系是在学校教育与教学环节中发生的，学校是师生关系主要的交往场所，初中生的大部分学习时间也是在学校度过。日常教育、教学活动是师生关系主要的交流方式。师生关系不同于其他人际关系的重要之处就在于其教育性，由于教师职业角色的重要性与特殊性，教师在初中生心目中具有特殊地位。老师对学生的期望与评价也是导致压力易感性的重要因素。

我国产业结构的调整和改革需要大量的创新性人才，但传统应试教育体系培养的人才往往创新能力相对缺乏。近年来，教育部明确出台了相关政策，大力提倡素质教育，减轻学生的学习负担。然而，由于我国人口众多，教育资源分布不均，优质教育资源相对集中，再加之教育体制没有得到根本上的改革，高考仍然在学校教育中发挥着举足轻重的作用，学生的学习成绩仍然是其升学和选择优质教育资源的主要手段。在相当大的程度上，升学率也是评价教师教学质量高低的主要指标，学生的升学压力就间接地转接到教师身上，所以，虽然有很多减负的政策，但是学生的学业负担、学业压力依然存在，诸如课业负担太重、作业时间长、考试繁多等问题。因此，社会环境及社会评价标准也是构成中学生学业压力易感性的重要因素。

总之，本研究的结论是，学业压力易感性各维度与学业压力均呈正相关关系，学业压力易感性的家庭环境维度对初中生学业压力的预测作用最大，可预测学业压力 35.1% 的变异量，师生关系压力和社会评价压力的预测作用相对小一些。

第四节　中学生学业压力与自杀意念的关系：焦虑的中介作用

探讨学业压力与自杀意念的机制，检验焦虑在学业压力与自杀意念之间的中介作用，为预防和缓解初中生因学业压力大而引发的心理健康问题提供实证研究依据。

一、研究方法

（一）研究对象

采取简单随机整群取样的方法，在陕西省渭南市、四川省攀枝花市、重庆市沙坪坝区 3 所中学各抽取 400 名学生，参加此次问卷调查，分别委托 3 名具有心理咨询师资质的主试发放问卷 400 份，合计 1200 份。回收问卷 1100 份，问卷有效率 91.67%。可能是由于复习时间比较紧张，九年级学生所填写的问卷有部分信息遗漏，与主试核实后，剔除缺失重要信息的 84 份问卷，有效问卷共计 1016 份。

（二）研究工具

采用中学生学习压力问卷、中学生焦虑量表、青少年自杀意念量表。说明同上。

（三）施测与数据分析

以班级为单位，在主试的统一安排下施测，被试在课堂上接受测验，测验大约需 20 分钟完成，主试当场回收问卷。运用 SPSS 20.0 对收集的数据进行缺失值处理、数据统计与分析。运用 IBM-AMOS 20.0 对模型进行检验。

结构方程模型（structural equation modeling）是一种综合性较强的统计技术，它可以将测量指标与潜在变量有效地结合起来，既可以计算测量指标的测量误差，又可以计算测量指标的信度、效度和整体模型的正确程度。近年来，结构方程模型在社会学领域得到了广泛的使用，与传统的回归技术相比，该技术在统计处理上更加灵活。在回归分析中，初中生学业压力、学业压力易感性、焦虑、抑郁作为预测变量，自杀意念是结果变量，这些变量都是没有误差的观察变量，但在结构方程模型中，除了计算变量间的关系外，还会计算观察变量与潜变量、潜变量与潜变量的关系、残差的估计。

结构模型常见的配适度指标是卡方自由度比值（模型的卡方值除以模型的自由度），模型待估计的参数越多，自由度就会越小：模型的样本量越大，其卡方值就越大。一般情况下，$2/df<2$（在 3 与 5 之间也可以接受），但其值越大，表示模型的配适度越差。因为卡方值的大小容易受到样本量大小的影响，$2/df$ 值波动较大，需要参考其他指标综合考虑模型的适配度。

特别是在实践中，卡方值通常会受到下列因素的影响：样本量过大可能导致卡方值的增大，进而增加犯错误的概率，另一方面，样本量过小，可能导致犯错误的风险增加；模型的变量越多，就越有可能导致卡方值的增加；卡方值也易受到变量分布形态的影响。因此，卡方自由比值要配合其他拟合度指标，不能作为结构方程模型拟合程度评价的单一指标。

GFI 配适度指数取值介于 0 至 1 之间，一般的标准是 *GFI*0.9，*AGFI* 是调整后的适配度指标，*AGFI* 配适度指数取值介于 0 至 1 之间，一般的标准是 $AGFI>0.9$，表示构建模型的路径与实际数据间拟合较好，在模型估计中，*AGFI* 的值会小于 *GFI* 的值。*GFI* 是比较拟合度指标，*GFI* 的值在 0 至 1 之间，一般 $CFI>0.9$，该指标可以修正 *NFI* 的缺点（易受到样本量大小的影响）。*IFI* 为模型增量的拟合度指标，$0 \leqslant IFI \leqslant 1$，当模型完全拟合时，$IFI=1$，一般要求 $IFI>0.9$，*RMSEA* 指的是平均平方误差平方根，比较理想的标准是 $RMSEA<0.05$，可以认为模型拟合较好，大于 0.1 时表示模型拟合度差。在样本量方面，Gerbing 等人认为最少需要 150 个样本，一般认为有效样本数是问卷题目的 5—20 倍，本研究有效样本 1016 个，符合这一标准。

二、研究结果

（一）学业压力、中学生焦虑与自杀意念的相关关系

初中生学业压力与自杀意念存在显著正相关，表明初中生的学业压力越大，自杀意念的水平可能越高，结果如表 6-13 所示。初中生学业压力与焦虑呈显著正相关，学业压力是引发个体焦虑水平上升的危险因子之一，楼玮群等人（2000）也证明了学业压力是重要的焦虑源之一。焦虑与自杀意念呈现显著的正相关，即焦虑高的个体越倾向于出现自杀的想法，适当的焦虑可以促进并提高个体的“唤醒”水平，提高工作效率，但过大的焦虑状态可能给个体带来心理伤害，导致焦虑症。

表 6–13　各变量间的相关

pearson 相关	学业压力	焦虑	自杀意念
学业压力	1.00		
焦虑	0.547**	1.00	
自杀意念	0.279**	0.434**	1.00

（二）焦虑在初中生学业压力与自杀意念关系中的中介作用

在理论上，中介作用意味着变量之间存在某种内部机制，变量间的关系可能经过“中间变量”传递给过去（Mackinnon，2008）。自变量 X 的变化引起中介变量 M 的改变，M 的改变又引起了结果变量 Y 的改变。因此中介变量是联系两个变量的纽带，常常用来探讨与检验变量之间的内部机制问题。中介作用的成立要有理论的支持，否则就是“数据驱动”的模型，没有任何实际应用价值。

常见的几种检验中介作用的方法如下：Baron 和 Kenny（1999）的因果逐步法是最简单的方法，截至 2016 年 2 月，该文献已在 Google 学术上被引用五万多次。第一，检验分析预测变量 X 与结果变量 Y 的关系是否显著，即总效果系数 C 是否有统计学意义。第二，检验预测变量 X 到变量 M 的关系是否显著，即 a 是否有统计学意义，a 如果不显著的话，停止检验，模型不存在中介作用。如果 a 显著的话，继续检验。第三，检验与分析变量 M 与效果变量 Y 的关系 b 是否显著，显著则继续下一步，不显著则停止检验。第四，检验 c' 是否显著，显著则是部分中介，不显著则是完全中介，结果如图 6–1 所示。MacKinnon 等人（2002）的研究认为，因果逐步法尽管理解简单、操作方便，但是这种方法的统计效力较低。

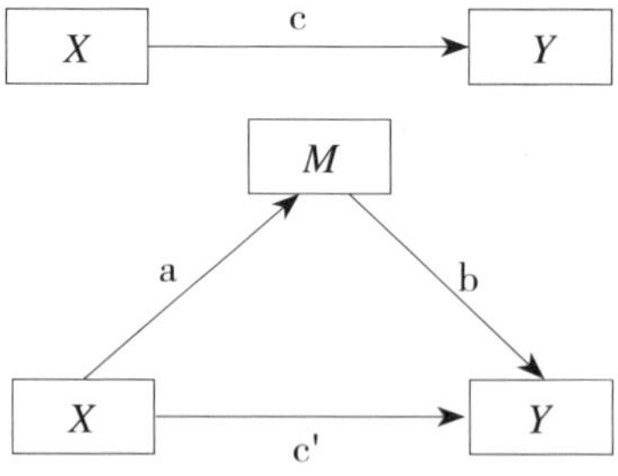

图 6–1　Baron 和 Kenny 的中介分析图

此外还有 Sobel（1982）的系数乘积法，即检验 ab 的系数是否显著，若显著，中介效应就存在，若不显著，就没有中介作用。索贝尔（Sobel）检验常用的计算公式 $S_{ab}=\sqrt{b^2S_a^2+a^2S_b^2}$，$S_a^2$ 是系数 a 标准误的平方，S_b^2 是系数 b 的标准误的平方，系数乘积法的统计量 $z=ab/S_{ab}$，z 大于 1.96，则存在中介作用，可通过该网站计算 Sobel 的大小。

Sobel 的系数乘积法的前提是 ab 的乘积呈正态分布，但这一前提很难满足，a 和 b 都是正态分布也有可能不能确保 ab 的乘积呈正态分布（Hayes，2009）。

第三种是 Bootstrap 方法，该方法既不需要正态分布的前提假设，也具有比其他方法更高的统计效力，学者建议使用 Bootstrap 方法抽取 5000 次，因此本研究采用系数乘积法和 Bootstrap 法，这两种方法是主流心理学期刊常用的方法（方杰等，2011）。

还可以采用 Amos 软件，初中生学业压力水平为自变量，自杀意念为自变量，焦虑为中介变量，以此构建结构方程模型，经检验，模型的残差均为正值，标准化的路径系数没有大于 1 的现象，路径方向也比较符合理论构想，因此，该模型没有违背 SEM（结构方程模型）的前提假设。2/df>3，这可能与本研究的样本量大有关，根据前人的研究可知，这一拟合指标容易受到样本量的影响，需要配合其他拟合指标共同来评估模型的拟合程度。*GFI*>0.95，*AGFI*>0.9，表示模型路径图与实际数据拟合较好。*CFI*>0.9，表明比较拟合指标较好。*NFI*>0.9，表示预设模型拟合较好。*IFI*>0.9，表示拟合度良好。*RMSEA* 略大于 0.08，但小于 0.10，在尚可接受的范围之内。Maccallum 等人认为 *RMSEA* 介于 0.08 和 0.10 之间，模型普遍可以接受（Maccallum，1996）。如果 *RMSEA*>0.10，表示模型的拟合较差，结果如图 6–2 和表 6–14 所示。

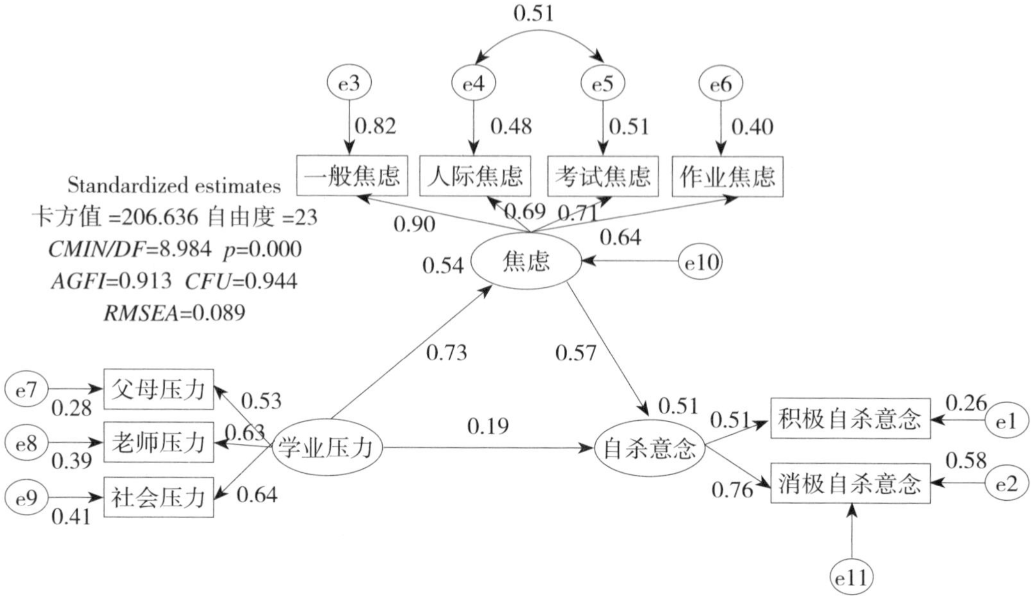

图 6-2　焦虑的中介作用图

表 6-14　学业压力与自杀意念、焦虑中介作用模型的拟合指标

χ^2	*df*	χ^2/df	*GFI*	*AGFI*	*CFI*	*NFI*	*IFI*	*RMSEA*
206.636	23	8.984	0.956	0.913	0.944	0.938	0.944	0.0887

在系数乘积法检验中（一致采用非标准化的参数），学业压力与自杀意念的总效果显著，*Z* 等于 6.25，*Z*>1.96。学业压力与自杀意念的间接作用 Z 等于 4.93，大于 1.96，即具有中介作用。由于学业压力与自杀意念的直接作用 Z 等于 1.72，小于 1.96，因此在系数乘积法的检验中，焦虑起到部分中介作用。在 Bootstrapping（自助法）检验中，检验偏差矫正的百分位非参数自助法和百分位非参数自助法的 95% 的置信区间是否包含零，总效应不包含零，间接效应也不包含零，只有直接效应 -0.013 和 0.692 之间包含零，则 Bootstrapping（自助法）的结果与系数乘积法检验结果一致，焦虑在初中生学业压力与自杀意念的关系中起部分中介作用，结果如表 6-15 所示。

表 6-15　系数乘积法和自助法对焦虑中介的检验

变量	点估计值	系数乘积 product of coefficients		bootstrap			
				bias-corrected 95%CI		percentile 96%CI	
		SE	Z	下界	上界	下界	上界
总效果							
压力—自杀意念	0.9794	0.1567	6.25	0.7038	1.3084	0.7076	1.3132
间接效果							
压力—自杀意念	0.6780	0.1375	4.93	0.4573	1.0126	0.4380	0.9851
直接效果							
压力—自杀意念	0.3014	0.1751	1.72	–0.013	0.6920	–0.013	0.6920

注：bootstrap=5000。

三、分析与讨论

上述研究表明，初中生学业压力与自杀意念的关系呈显著水平。国外学者（Walsh，2007）也证实了这一点，学习困难、学习压力大、学业表现不良等，可能会影响青少年自杀意念的产生。Gloria 等人（2003）也认为学业压力和自杀意念存在较强的相关关系。在我国，教育资源相对稀缺，优质的教育资源主要集中于省会城市、重点城市，学生要考入名校或重点学校，就必须参加各种选拔和考试，只有这样才能继续在好的学校求学，因此学业成绩是评价学生成就的主要手段，学生、家长及老师都把学业成绩看得十分重要。如果学生没有取得优异的成绩，可能就无法实现自己的目标，也会辜负亲人的期望，在老师、朋友面前“抬不起头”，如果个体长期学业成就、表现不理想，可能导致个体对学习失去兴趣，对自己失去信心，导致抑郁情绪、自杀意念，严重者甚至采取自杀行为。

初中生在应对学业压力时，出现焦虑的情绪是一种常见的反应，是个体适应学习环境所需要的。但如果个体长期处于压力过大的环境之中，特别是当个体对未来所要发生的事情感到无力应对时，个体的焦虑程度就会随之增加，严重者可能引发焦虑症。初中生最主要的压力源是学业压力，学业压力和焦虑存在正相关关系。在学业压力与自杀意念的中介模型中，学业压力与焦虑的标注化路径系数为0.73，表明学习压力与焦虑呈正相关。张敏等人（2007）的研究表明，中学生自杀意念的产生与他们的学习情况存在密切的相关。学习成绩越差（考试分数越低）的中学生自杀意念的发生率越高。父母对子女的期望过高、存在学习焦虑倾向等因素都是引发个体产生自杀意念的危险因素之一。在激烈的选拔性考试中，过度的竞争可能导致初中生将考试的分数看得较重，成绩的上下波动可能引发其明显的心理变化，因此，中学生可能对考试产生焦虑的情绪，常常担心、害怕自己的成绩不理想，没有达到自己的要求，辜负家长和老师的期望，进而导致其自尊心受到伤害。成绩差、学业成就表现差的个体易体验到更多的消极情绪与负面的自我形象，与俞爱月等人（2005）的研究结果一致。严重的可能出现偶尔的自杀想法，国外研究也认为，焦虑对自杀意念和自杀行为起着重要的作用（Baumeister，1990）。

研究结论主要有以下两点：

① 学业压力与自杀意念存在显著正相关，表明初中生的学业压力越大，自杀意念的水平可能越高。学业压力与焦虑呈显著正相关，学业压力是焦虑水平上升的危险因子。焦虑与自杀意念呈现显著的正相关，即焦虑水平越高的个体越倾向于出现自杀的想法。

② 在学业压力与自杀意念的关系中，焦虑起到部分中介作用。

第五节　中学生学业压力与自杀意念的关系：抑郁的中介作用

探讨抑郁在初中生学业压力与自杀意念关系中的中介作用，可以更好地预防和缓解学生的抑郁，降低自杀意念水平，减少自杀未遂和自杀行为的出现。

一、研究方法

（一）研究被试

采取简单随机整群取样的方法，在陕西省渭南市、四川省攀枝花市、重庆市沙坪坝区 3 所中学各抽取 400 名学生参加此次问卷调查，分别委托 3 名具有心理咨询师资质的主试发放问卷 400 份，合计 1200 份。当场回收 1100 份，有效问卷回收率 91.67%。可能是由于复习时间比较紧张，九年级学生所填写的问卷有部分信息遗漏，与主试核实后，剔除缺失重要信息的 84 份问卷，有效问卷共计 1016 份。

（二）研究工具

采用中学生学习压力问卷、中学生抑郁量表、青少年自杀意念量表。说明同上。

（三）施测与数据处理

以班级为单位，在主试的统一安排下施测，被试在课堂上接受测验，测验大所需 20 分钟，测验完成后，主试回收问卷。运用 IBM-SPSS 20.0 对收集的数据进行缺失值处理、数据统计与分析。运用 IBM-AMOS 20.0 对模型进行检验。

二、研究结果

以中学生学业压力水平为自变量，自杀意念为因变量，抑郁为中介变量，建立结构方程模型，经检验，模型的残差均为正值，标准化的路径系数没有大于 1 的现象，路径方向也比较符合理论构想，因此，该模型没有违背结构方程模型的前提假设。卡方自由度比值小于 5 的标准，根据前人的研究可知，这一拟合指标容易受到样本量的影响，需要配合其他拟合指标共同来评估模型的拟合程度。*GFI*>0.95，*AGFI*>0.9，表示模型路径图与实际数据拟合较好。*GFI*>0.9，表明比较拟合指标较好。*NFI*>0.9，表示预设模型拟合较好。*IFI*>0.9，表示拟合度良好。*RMSEA*<0.08，接近 0.05，因此模型整体拟合较好，结果如图 6–3 和表 6–16 所示。

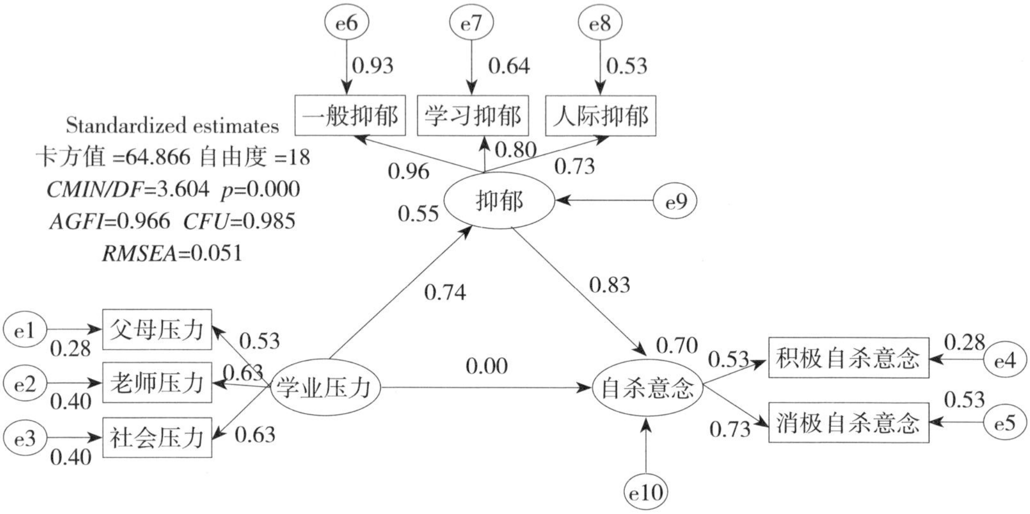

图 6–3　抑郁的中介作用图

表 6–16　学业压力与自杀意念、抑郁中介作用模型的拟合指标

χ^2	*df*	χ^2/df	*GFI*	*AGFI*	*CFI*	*NFI*	*IFI*	*RMSEA*
64.859	18	3.603	0.984	0.968	0.985	0.979	0.985	0.0506

在系数乘积法检验中，学业压力与自杀意念的总效果显著，Z 等于 8.54，Z 大于 1.96。学业压力与自杀意念的间接作用 Z 等于 8.54，大于 1.96，即具有中介作用，由于学业压力与自杀意念的直接作用 Z 等于 10，大于 1.96，因此，在系数乘积法的检验中，抑郁起到完全中介作用。在 bootstrap（自助法）方法检验中，偏差矫正的百分位非参数自助法和百分位非参数自助法的 95% 的置信区间是否包含零，直接效应不包含零，间接效应也不包含零，则结果与系数乘积法检验结果一致，抑郁为学业压力与自杀意念的完全中介作用。结果如表 6–17 所示。

表 6-17 系数乘积法和自助法对焦虑中介的检验

变量	点估计值	系数乘积 product of coefficients		bootstrap			
				bias-corrected 95%*CI*		percentile 96%*CI*	
		SE	*Z*	下界	上界	下界	上界
总效果							
压力—自杀意念	1.0645	0.1247	8.5365	0.8506	1.3520	0.8454	1.3402
间接效果							
压力—自杀意念	1.0635	0.1246	8.5365	0.8496	1.3360	0.8444	1.3302
直接效果							
压力—自杀意念	0.010	0.0010	10	0.001	0.016	0.001	0.010

注：bootstrap=5000。

三、分析与讨论

上述模型表明，初中生学业压力与抑郁的标准化回归系数为 0.74，学业压力和抑郁存在正相关关系。初中生的大部分时间是在校园里度过的，学习成绩（考试分数）的高低关系到个人能否顺利考入高中继续学习，同时，学习成绩也是衡量在校初中生的学业成就及老师的教学质量的主要指标。为了提高学生的成绩，教师可能会加大作业的量，以达到强化知识点的目的，常常采用题海战术。当然家长也不会袖手旁观，给孩子陪读、请家教，想尽各种方法来提高孩子的成绩，家长在给孩子提供支持的同时，也在很大程度上给孩子带来了过高的期望，过高的期望可能导致学生把考试看得很重，每一次考试都“性命攸关”，特别是那些成绩不理想的学生，心理压力可能更大，自尊水平更低，从而表现出抑郁的倾向，甚至出现抑郁症状。

国外研究（Kandel，1991；Velting，1999）发现，抑郁是诱发个体自杀意念的危险因子。张冬冬等人（2010）的研究也证实了这一观点，抑郁与自杀意念呈正相关，抑郁是个体自杀意念的预测因子。上述模型中，抑郁与自杀意念的标准化回归系数为 0.83，表明抑郁与自杀意念之间存在正相关关系。以自杀意念为效果变量，以一般抑郁、学习抑郁、人际抑郁为预测变量进行多元回归分析，初中生自杀意念 =0.105 × 学业抑郁 + 0.458 × 一般抑郁 + 0.095 × 人际抑郁。这一结论与王极盛等人（1997）的研究结果一致。对部分个体而言，过大的学习压力可能就是一种负性生活事件，负性生活事件与自杀意念呈正相关关系。成绩差的学生可能受到老师的批评、同学的歧视、父母的指责，这些都可能让个体感到较大的学业压力，引起个体的抑郁，如果这一情况得不到改善，则可能导致自杀意念的出现。Juon（1994）对韩国 9000 多名高中生的研究表明，抑郁是自杀意念最强有力的预测指标之一，抑郁个体的自杀意念检出率是常人的 5.3 倍，自杀未遂行为是常人的 3.1 倍。因此，初中生学业压力的大小会通过抑郁的中介作用传递到自杀意念上，了解学生的学业压力的大小，及时给予心理援助和支持，可能利于减轻抑郁，进而降低自杀意念检出率。

总之，初中生学业压力与自杀意念存在显著正相关，学业压力与抑郁呈正相关，抑郁与自杀意念之间存在正相关。因此，初中生学业压力与自杀意念之间的关系可能被抑郁中介。

第六节　中学生学业压力与自杀意念的关系：焦虑和抑郁的双重中介作用

本节探讨学业压力对自杀意念的影响机制，理解焦虑和抑郁在这一机制中的作用。通过焦虑和抑郁的双重中介作用机制的探讨，也可以比较这两种危险因子在中学生的学业情境下导致自杀意念的作用大小。

一、研究方法

（一）研究被试

该研究采取简单随机整群取样的方法，在陕西省渭南市、四川省攀枝花市、重庆市沙坪坝区 3 所中学各抽取 400 名学生，合计 1200 份。分别委托 3 名具有心理咨询师资质的主试发放问卷 1200 份，回收 1100 份，问卷有效回收率 91.67%。可能是由于九年级学生学习比较紧张，其所填写的问卷有部分信息遗漏，与主试核实情况后，剔除缺失重要信息的问卷 84 份，有效问卷共计 1016 份。

（二）研究工具

采用中学生学习压力问卷、中学生抑郁量表、中学生焦虑量表、青少年自杀意念量表。说明同上。

（三）施测与数据处理

以班级为单位，在主试的安排下统一施测，被试在课堂里接受测验，测验需 20 分钟完成，老师当场回收问卷。运用 IBM-SPSS 21.0 对收集的数据进行缺失值处理，数据统计与分析，用 IBM-AMOS 21.0 对模型进行拟合处理。

二、研究结果

（一）各变量的相关关系

学业压力与自杀意念呈显著正相关，前人（袁娅婷，2015）研究也证实了这一观点。青春期学生的压力与心理冲突、学业不良、成人期间过度问题、自我伤害及自杀有一定关系。学业压力与焦虑存在显著正相关，并且焦虑与抑郁存在显著的正相关关系，焦虑是引发初中生心理健康问题的主要因素之一，顾宇莲等（2012）也证实了这一观点。

中学阶段学生的主要任务就是学习，既要面对生理和心理方面的特殊性，又要处理与家长、老师和同伴的关系，特别是沉重的学业压力，频繁的考试与测验，这些压力常常让初中生感到“无力应对”，产生焦虑、厌学情绪，严重的可能导致抑郁。抑郁与自杀意念呈显著正相关，与前人的研究结果一致，抑郁是诱发中学生自杀意念的主要危险因子，结果如表 6-18 所示。

表 6–18　各变量的相关分析

pearson 相关	*M*	*SD*	1	2	3	4	5
1. 学业压力	55.19	11.26	—				
3. 焦虑	46.18	15.05	0.547**	0.638**	—		
4. 抑郁	37.58	14.77	0.502**	0.671**	0.766**	—	
5. 自杀意念	26.40	9.22	0.279**	0.437**	0.434**	0.611**	—

注：样本容量 N=1016；$^{**}p < 0.01$ 。

（二）焦虑和抑郁的双重中介作用

以初中生学业压力大小为自变量，自杀意念为因变量，焦虑和抑郁为中介变量，建立结构方程模型，经检验，模型的残差均为正值，标准化的路径系数没有大于 1 的现象，路径方向也比较符合理论构想，因此该模型没有违背结构方程模型的前提假设。卡方与自由度比值大于 3 的标准，这可能与本研究的样本量大有关，这一拟合指标容易受到样本量的影响，需要配合其他拟合指标共同来评估模型的拟合程度。*GFI*>0.90，接近于 0.95，*AGFI*>0.9，表示模型路径图与实际数据拟合较好。*GFI*>0.95，表明比较拟合指标较好。*NFI*>0.9，接近 0.95，表示预设模型拟合较好。*IFI*>0.95，表示拟合度良好。*RMSEA*<0.08，在可接受的范围之内。该模型整体上拟合较好，结果如图 6–4 和表 6–19 所示。

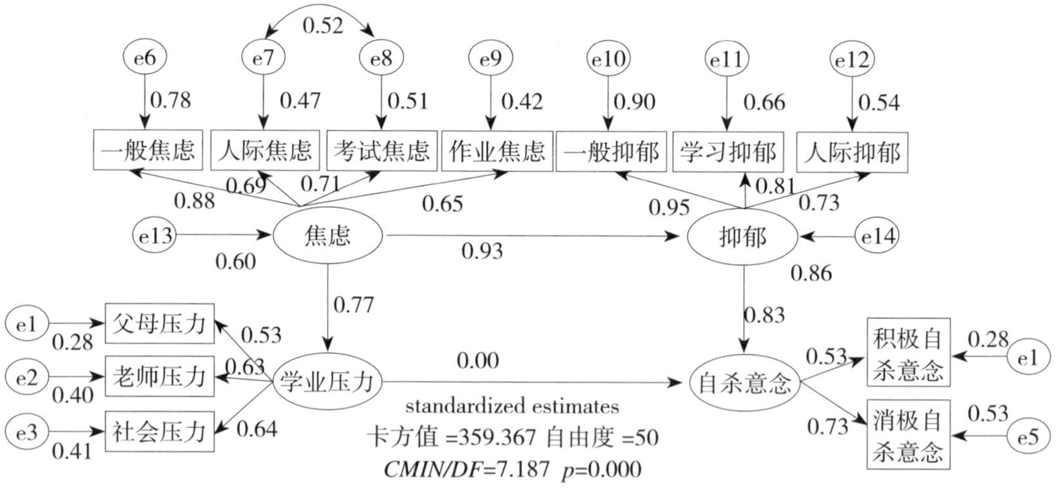

图 6–4　焦虑与抑郁的双中介图

表 6–19 学业压力与自杀意念、焦虑、抑郁的双中介作用模型的拟合指标

χ^2	*df*	χ^2/df	*GFI*	*AGFI*	*CFI*	*NFI*	*IFI*	*RMSEA*
359.367	50	7.187	0.943	0.912	0.951	0.9437	0.9512	0.0781

在系数乘积法检验中，学业压力与自杀意念的总效果显著，Z 等于 8.41，Z 大于 1.96。学业压力与自杀意念的间接作用 Z 等于 8.41，大于 1.96，即具有中介作用，由于学业压力与自杀意念的直接作用 Z 等于 10，大于 1.96，因此，在系数乘积法的检验中，焦虑、抑郁起到完全双重中介作用。用 Bootstrap（自助法）检验偏差矫正之后的百分位非参数自助法和百分位非参数自助法的 95% 的置信区间是否包含零，总效应不包含零，间接效应不包含零，直接效应也不包含零，则结果与系数乘积法检验结果一致，焦虑、抑郁在初中生学业压力与自杀意念的机制中起完全双重中介作用，结果见如表 6–20 所示。

表 6–20 焦虑、抑郁双重中介的检验

变量	点估计值	系数乘积 product of coefficients		bootstrapping			
				bias–corrected 95%*CI*		percentile 96%*CI*	
		SE	*Z*	下界	上界	下界	上界
总效果							
压力—自杀意念	1.0103	0.1201	8.412	0.80	1.262	0.796	1.26
间接效果							
压力—自杀意念	1.0093	0.1200	8.410	0.799	1.252	0.795	1.25
直接效果							
压力—自杀意念	0.001	0.0001	10	0.001	0.01	0.001	0.01

注：bootstrap=5000。

三、分析与讨论

为了探讨焦虑和抑郁在学业压力与自杀意念模型中的作用，首先要探讨焦虑与抑郁的关系，焦虑与抑郁是否有相同的结构，哪个是因，哪个是果，对此一直存在争议。但 Brown（2000）认为焦虑可以预测抑郁的

检出率，儿童的焦虑症状的发病时间早于抑郁。Hershberg 等人（1982）也证明了这一点，患有焦虑症的儿童的平均年龄小于患有抑郁症儿童的平均年龄。初中生的焦虑主要来自与学业有关的事件，如考试、排名、升学、作业、紧张的师生关系、同一性的探索，以及生理方面的急剧变化带来的对自我形象的担忧，但最为重要的焦虑来自学业。初中生最主要任务就是学习，学业表现（考试成绩的高低）是衡量学生成就的主要指标，也是升学最重要的手段。适当的学习压力有利于激发初中生的学习动机，提高学习效率，但压力过大可能使个体产生焦虑、紧张不安等心理问题，因此，初中生的学业压力与焦虑呈正相关。长期成绩不理想，考试排名靠后，可能给个体带来挫败感，使个体对学习失去兴趣，感到自己无能为力，“不是学习的料”，严重影响到学生的自我形象和自尊心。学生为此而感到焦虑，长期的焦虑可能导致抑郁的情绪。Cole（1991）的研究支持了这一观点，Cole 认为儿童的焦虑水平与抑郁呈正相关，但其焦虑水平不会随着抑郁程序的加重而上升，焦虑保持相对稳定，即焦虑是导致儿童和青少年抑郁的危险因子之一。

在上述研究中，学业压力与焦虑的标准化路径系数为 0.77，焦虑与抑郁的标准化路径系数为 0.93，表明初中生的焦虑程度与抑郁程度呈正相关。抑郁与自杀意念的标准化系数为 0.83。初中生在学习过程中，因过大的学业压力产生了焦虑，焦虑又诱发了学生的抑郁等一系列负面的心理，这种心理问题若得不到及时的缓解，严重的可能引发学生出现自杀意念、逃学、打架斗殴、过度饮酒、沉迷网络游戏，甚至导致自杀等危险行为。

结论主要包括以下两点：

① 初中生的学业压力与自杀意念之间呈显著正相关，初中生学业压力与焦虑之间呈显著正相关，焦虑与抑郁呈显著的正相关，抑郁与自杀意念呈显著正相关。

② 焦虑和抑郁在初中生学业压力与自杀意念的关系中起到双重的中介作用。

参考文献

中文文献

［1］常向东， 袁大伟， 金霞芳，等 . 2014. 初中生自杀意念影响因素分析［J］. 中国健康心理学杂志，（10）：1556–1559.

［2］陈海燕，姚树桥，侯婵娟，等 . 2012. 青少年认知情绪调节策略与抑郁的关系［J］. 中国健康心理学杂志，20（11）：1714–1716.

［3］陈会昌，张红梅 . 2007. 对中学生的人格建构与学校适应的相关分析［J］. 心理学报，（1）：129–134.

［4］陈建文 . 2010. 健康人格教育的理论透视［J］. 高等教育研究，（3）：81–87.

［5］陈建文 . 2010. 论社会适应［J］. 西南大学学报（社会科学版），36（1）：11–15.

［6］陈建文 .2009. 人格与社会适应［M］. 合肥：安徽教育出版社 .

［7］陈建文，王滔 . 2003. 关于社会适应的心理机制、结构与功能［J］. 湖南师范大学教育科学学报，2（4）：90–94.

［8］陈建文，王滔 . 2004. 社会适应与心理健康［J］. 西南大学学报（社会科学版），30（3）：34–39.

［9］陈瑞，郑毓煌，刘文静 . 2013. 中介效应分析：原理、程序、Bootstrap

方法及其应用［J］. 营销科学学报，（4）：120–135.
［10］陈香 . 2001. 青少年自我同一性的发展——同一性地位及其相关因素的研究［D］. 河北大学 .
［11］陈香，张日昇 . 2000. 青少年的发展课题与自我同一性——自我同一性的形成及其影响因素［J］. 张家口师专学报，（4）：64–71.
［12］陈旭 . 2004. 中学生学业压力、应对策略及应对的心理机制研究［D］. 西南师范大学 .
［13］陈永凤，裴先波 . 2010. 高三学生学习压力与学业自我效能感的相关研究［J］. 中国健康心理学杂志，（10）：1205–1208.
［14］崔娜 . 2008. 初中生学校适应与自我概念的相关研究［D］. 西南大学 .
［15］戴维·巴斯 . 2015. 进化心理学：心理的新科学［M］. 北京：商务印书馆 .
［16］董佳羽 . 2011. 工读学校学生学校适应及其与社会支持、自我效能感的关系［D］. 河南大学 .
［17］董永海，刘芸，刘磊，等 . 2014. 中国中学生自杀相关行为报告率的 Meta 分析［J］. 中国学校卫生，35（4）：532–536.
［18］董增云 . 2010. 大学生人格特征、社会支持与学校适应的关系［J］. 中国临床心理学杂志，18（5）：642–644.
［19］方杰，邱皓政，张敏强 . 2011. 基于多层结构方程模型的情境效应分析——兼与多层线性模型比较［J］. 心理科学进展，19（2）：284–292.
［20］方杰，张敏强，李晓鹏 . 2011. 中介效应的三类区间估计方法［J］. 心理科学进展，19（5）：765–774.
［21］冯永辉，周爱保 . 2002. 中学生生活事件、应对方式及焦虑的关系研究［J］. 心理发展与教育，18（1）：71–74.
［22］冯正直，张大均 .2005. 中学生抑郁症状的流行病学特征研究［J］. 中国行为医学科学，14（2）：103–105.
［23］高华，彭新波 .2009. 抑郁认知易感性的新解释——双重加工模型［J］. 心理科学进展，（1）：132–137.

[24] 顾宇莲，何成森，张玉 . 2012. 初中生感觉寻求、学习焦虑及其相关研究 [J]. 中国健康心理学杂志，（6）：897–899.

[25] 郭金山，车文博 . 2004. 大学生自我同一性状态与人格特征的相关研究 [J]. 心理发展与教育，20（2）：51–55.

[26] 郭金山，车文博 . 2004. 自我同一性与相关概念的辨析 [J]. 心理科学，27（5）：1266–1267.

[27] Hatano G，Inagaki K.2002. 高级认知中的知识获得和应用 [M] // Pawlik K, Rosenzweig M R. 张厚粲，主译 . 国际心理学手册(上). 上海: 华东师范大学出版社 .

[28] 何兆雄 .1997. 自杀病学 [M]. 北京：中国中医药出版社 .

[29] 胡发稳，李丽菊 .2010. 哈尼族中学生学校适应及其与民族文化认同的关系 [J]. 中国健康心理学杂志，18（10）：1214–1217.

[30] 胡春梅 .1997. 中学生心理健康的调查与思考 [J]. 教育理论与实践，（4）：57–58.

[31] 胡月琴，甘怡群 .2008. 青少年心理韧性量表的编制和效度验证 [J]. 心理学报，（8）：902–912.

[32] 黄宁，辛涛，栗晓霞 .2007. 儿童学校适应的分类及判定 [J]. 心理发展与教育，23（2）：57–62.

[33] 黄希庭 .2002. 人格心理学 [M]. 杭州：浙江教育出版社 .

[34] 黄希庭，郑涌 .2009. 大学生心理健康教育（第二版）[M]. 上海：华东师范大学出版社 .

[35] 黄希庭，郑涌，李宏翰 .2006. 学生健全人格养成教育的心理学观点 [J]. 广西师范大学学报（哲学社会科学版），42（3）：90–94.

[36] 黄莹，李燕，胡安艳，等 . 2011. 云南省中学生抑郁症状流行特征分析 [J]. 中国学校卫生，32（2）：241–242.

[37] 侯静 .2013. 高中生学校适应量表的编制 [J]. 中国临床心理学杂志，21（3）：385–388.

[38] 贾晓波 .2001. 心理适应的本质与机制 [J]. 天津师范大学学报：社

会科学版，（1）：19–23.

［39］江光荣.1996.关于心理健康标准研究的理论分析［J］.教育研究与实验，（3）：49–54.

［40］李华英.2011.流动初中生学校适应及其与社会支持、生活满意度的关系［D］.河南大学.

［41］李静静.2015.中学生自我同一性发展及其与心理弹性、班级环境的关系研究［D］.温州大学.

［42］李晶华，冯晓黎，梅松丽，等.2007.学习压力对初中生心理健康影响的调查［J］.医学与社会，20（2）：56–57.

［43］李婧雯.2018.高中生学业压力易感性与自我同一性的关系：人格特质的中介作用［D］.重庆师范大学.

［44］李雷雷，汪洋，王宏，等.2010.重庆市中学生抑郁状况及与应对方式的相关性研究［J］.第三军医大学学报，32（10）：1071–1073.

［45］李唯博，陈倩，叶小舟，等.2017.武汉市高中生学业压力及心理健康状况的调查分析［J］.中国社会医学杂志，（2）：153–156.

［46］李文道，钮丽丽，邹泓.2000.中学生压力生活事件、人格特点对压力应对的影响［J］.心理发展与教育，（4）：8–13.

［47］李文道，邹泓，赵霞.2003.初中生的社会支持与学校适应的关系［J］.心理发展与教育，19（3）：73–81.

［48］李晓巍，邹泓，王莉.2009.北京市公立学校与打工子弟学校流动儿童学校适应的比较研究［J］.中国特殊教育，（9）：81–86.

［49］梁军林，孙录.2000.中学生自杀意念发生率及其影响因素分析［J］.临床精神医学杂志，10（3）：144–146.

［50］梁敏，梁西胜.2015.中学生适应不良问题研究［J］.教学与管理，（16）：12–15.

［51］林崇德.2009.发展心理学［M］.北京：人民教育出版社.

［52］刘珊珊.2008.大学生压力易感性人格的内隐词汇观研究［D］.华中科技大学，2008.

[53] 刘万伦 .2004. 中小学学生学校适应性的发展特点调查［J］. 中国心理卫生杂志，（2）：113–114.

[54] 刘万伦，沃建中 .2005. 师生关系与中小学生学校适应性的关系［J］. 心理发展与教育，21（1）：87–90.

[55] 楼玮群，齐铱 . 2000. 高中生压力源和心理健康的研究［J］. 心理科学，（2）：156–159..

[56] 吕遥迪，郭江，张雨青 . 2016. 中文版积极 / 消极注意偏向量表的初步修订［J］. 中国临床心理学杂志，24（5）：861–864.

[57] 马园园，周荃，邢淑芬 .2015. 家庭养育环境与儿童发展：差别易感性假说［J］. 心理科学进展，23（11）：1931–1941.

[58] 孟凡 .2014. 大学生文化智力、人格特质与学校适应的关系研究［D］. 青海师范大学 .

[59] 屈坚定，高伟娜，余星池 .2002. 中国青少年自杀意念［J］. 青年研究，（6）：44–48.

[60] 屈智勇，邹泓，王英春 .2004. 不同班级环境类型对学生学校适应的影响［J］. 心理科学，（1）：207–211.

[61] 荣泰生 .2010.AMOS 与研究方法（第 2 版）［D］. 重庆大学出版社 .

[62] 邵秀巧，曹雪梅 .2014. 状态焦虑、刺激呈现时间、特质焦虑水平对注意偏向影响的实验研究［J］. 中国健康心理学杂志，22（2）：275–277.

[63] 孙晓军，周宗奎 .2005. 探索性因子分析及其在应用中存在的主要问题［J］. 心理科学，28（6）：1440–1442.

[64] 宋广文，骆风，周方芳 .2014. 学优生、学困生社会支持、心理弹性与心理健康的关系研究 . 中国特殊教育，（3）：15–19.

[65] 唐海波 .2008. 大学生焦虑易感性—应激模型的实证研究［D］. 中南大学 .

[66] 唐海波，邝春霞，姚树桥 .2008. 焦虑障碍的易感性——应激发展观综述［D］. 中国临床心理学杂志，16（2）：222–224.

[67] 陶芳标，郑迎军 .1999. 青少年自杀行为及其影响因素的研究 [J]. 中国公共卫生，(3)：247–248.

[68] 田杰 .2015. 中学生学校适应及其与社会支持的关系研究 [D]. 重庆师范大学 .

[69] 万鹏飞，孙月吉，靳媛 .2005. 大连地区青年学生焦虑情绪特点及相关因素分析 [J]. 中华行为医学与脑科学杂志，14 (5)：436–438.

[70] 王爱兰，杨斌芳，路宏 .2010. 城市初中生学业压力现状研究——以甘肃省兰州市、金昌市为例 [J]. 北京教育学院学报 (自然科学版)，5 (4)：19–21.

[71] 王极盛，丁新华 . 2003. 中学生抑郁与其相关影响因素的综合研究 [J]. 中国学校卫生，(4)：336–338.

[72] 王极盛，丁新华 .2003. 中学生焦虑与其相关影响因素的综合研究 [J]. 中国临床心理学杂志，11 (3)：164–166.

[73] 王极盛，邱炳武，赫尔实 .1998. 中学生抑郁与焦虑的关系研究 [J]. 心理学动态，6 (3)：62–64.

[74] 王极盛，邱炳武，赫尔实 .1997. 中学生抑郁量表的编制及其标准化 [J]. 社会心理科学，(3)：1–3.

[75] 王金燕 .2011. 中学生自杀意念与负性生活学习事件及家庭环境和成长环境关系的影响 [D]. 吉林医学，32 (29)：6152–6153.

[76] 汪清华 .2007. 中小学生家庭环境与学校适应的关系研究 [D]. 南京师范大学 .

[77] 王树青 .2007. 大学生自我同一性形成的个体因素与家庭因素 [D]. 北京师范大学，2007.

[78] 王树青，陈会昌 . 2013. 大学生自我同一性状态问卷中文简版的修订 [J]. 中国临床心理学杂志，(2)：196–199.

[79] 王树青，朱新筱，张粤萍 .2004. 青少年自我同一性研究综述 [J]. 山东师范大学学报 (人文社会科学版)，49 (3)：29–32.

[80] 王学志，宫火良，康晓然，等 .2011. 青少年自杀意念量表中文版在

高中生应用的信效度分析［J］. 中国健康心理学杂志，19（8）：964–966.

［81］王亚可 .2017. 高中生学业压力与学校适应的关系：心理弹性、人格特质的中介作用［D］. 重庆师范大学 .

［82］王耘，王晓华 .2002. 小学生的师生关系特点与学生因素的关系研究［J］. 心理发展与教育，17（3）18–23.

［83］吴萍萍 .2009. 高中生学习心理压力的现状，成因及对策［D］. 苏州大学 .

［84］席居哲，左志宏，桑标 .2007. 不同学习压力觉知水平高中生家庭生态之比较［J］. 心理科学，30（3）：592–595.

［85］谢家树，李杰，易嫦娥，等 .2014. 初中生生活事件与生活满意度的关系：心理弹性的中介作用［J］. 中国临床心理学杂志，22（4）：676–679.

［86］徐伏莲，黄奕祥 .2013. 青少年抑郁症状研究进展［J］. 中国学校卫生，（2）：255–256.

［87］徐华春，黄希庭，柳春香，等 .2009. 抑郁的人格易感性：概念、理论与发展［J］. 心理科学进展，17（2）：370–376.

［88］徐嘉骏，曹静芳，崔立中，等 .2010. 中学生学习压力问卷的初步编制［J］. 中国学校卫生，31（1）：68–69.

［89］徐艳红 .2014. 高中生学习压力的现状及对策研究——以四川省泸州高级中学校为例［D］. 四川师范大学 .

［90］严进 .2008. 应激反应的特异性与非特异性［J］. 心理科学进展，2008，16（3）：363–370.

［91］姚琳，潘丽红 . 2015.3190 名初中生心理健康状况及其影响因素分析［J］. 中国校医，29（2）：86–87.

［92］姚逸斌 .2016. 初中生学业压力、学业压力易感性与焦虑、抑郁及自杀意念的关系研究［D］. 重庆师范大学 .

［93］杨波，黄希庭 .1997. 两种抑郁倾向人格：社会依赖性和自律自责性

的概念及测量［J］. 中国临床心理学杂志，（3）：186–189.
［94］杨超 .2015. 人格特质、情绪调节自我效能感和高中生生活满意度的关系［D］. 山东师范大学 .
［95］阳德华 .2002. 初中生抑郁情绪与学校因素的相关性研究［J］. 中国临床心理学杂志，（1）：33–35.
［96］易君 .2016. 高中生人际压力、认知重评与学校适应的关系［D］. 上海师范大学 .
［97］俞爱月，俞玲珍，周丹霞，等 .2005. 中学生焦虑、抑郁、自尊水平与学习成绩的相关性研究［J］. 精神医学杂志，（4）：222–224.
［98］俞国良 .2001. 我国中小学心理健康教育的现状与发展［J］. 教育科学，（7）：8–10.
［99］俞瑞康 .2004.720 名中学生自我同一性地位研究［J］. 心理科学，（2）：413–416.
［100］袁立新，张厚粲 .1996. 初中学生学校生活适应量表的编制［D］. 北京师范大学学报（自然科学版），（32）：90.
［101］袁娅婷 . 2015. 中学生学业压力易感性的结构及其测量［D］. 重庆师范大学 .
［102］曾琦，芦咏莉，邹泓，等 .1997. 父母教育方式与儿童的学校适应［J］. 心理发展与教育，13（2）：47–52.
［103］张宝歌，姜涛 . 2009. 初中生师生关系对学业成绩的影响研究［J］. 心理科学，（4）：1015–1017..
［104］张德甫，吴敏，胡巧云，等 .2001. 学习焦虑的影响因素分析［J］. 中国公共卫生，17（6）：553–553.
［105］张冬冬，刘金同，史高岩，等 .2010. 济南市两所初中学校学生自杀意念现状及相关因素研究［J］. 中国儿童保健杂志，（12）：957–959.
［106］张弘，陈子瑜，陈嘉鼎 .2008. 北京市 1399 例初中生抑郁情绪调查及危险因素分析［J］. 中国医药指南，6（17）：64–66.

［107］张洪波，张蕊，陶芳标，等 .2000. 大学生酒依赖行为倾向及相关因素研究［J］. 中国学校卫生，21（2）：88–89.
［108］张克文，李占江，邱炳武 .2002. 学校生活适应量表的修订报告［J］. 健康心理学杂志，10（4）：284–285.
［109］张敏，王礼桂，邢艳菲 .2007. 中学生自杀意念及其影响因素研究［J］. 中国学校卫生，28（5）：429–430.
［110］张佩 .2014. 初中生学业压力现状调查分析［J］. 吉林省教育学院学报（下旬），30（2）：84–86.
［111］张威 .2004. 关于知觉到的学业压力及其影响的心理学研究［D］. 东北师范大学 .
［112］张伟楠 .2017. 中学生学业压力盈安心结构及其效应机制研究［D］. 华中科技大学 .
［113］张晓玲，杜学元 .2005. 中学生学习压力源的社会学分析及对策［J］. 内蒙古师范大学学报（教育科学版），18（6）：58–60.
［114］张志华，王强，杨林胜，等 .2007. 中学生生活事件与抑郁的相关性研究［J］. 中国学校卫生，2007，28（3）：226–228.
［115］周步成 .2011. 学习适应性测验［D］. 教育测量与评价，（1）：60.
［116］周荃，肖晶，何莉，等 .2016. "脆弱性"还是"可塑性"：差别易感性模型［J］. 中国临床心理学杂志，24（4）：747–751.
［117］朱晓斌，王静丽 .2009. 中学生学习自我效能感、学习压力和学习倦怠关系的结构模型［J］. 中国临床心理学杂志，17（5）：626–628.
［118］邹泓 .2003. 青少年的同伴关系［D］. 北京：北京师范大学出版社 .
［119］邹泓 . 1997. 同伴接纳、友谊与学校适应的研究［J］. 心理发展与教育，13（3）：57–61.
［120］邹泓，屈智勇，叶苑 . 2007. 中小学生的师生关系与其学校适应［J］. 心理发展与教育，23（4）：72–88.
［121］邹涛，姚树桥 . 2006. 抑郁认知易感性应激模式的研究：起源、发

展和整合［J］. 心理科学进展，14（5）：762–768.

［122］邹泓，张春妹 . 2006. 中学生的人格五因素、感知的社会支持与自尊的关系［J］. 北京师范大学学报（社会科学版），（4）：44–52.

外文文献

［1］Abramson L Y，Metalsky G I，Alloy L B . *Hopelessness depression：A theory–based subtype of depression*［J］. Psychological Review，1989，96（2）：358–372.

［2］Adams G R，Fitch S A . *Ego stage and identity status development：A cross–lag analysis*［J］. 1981，4（2）：163–171.

［3］Andrews J A，Lewinsohn P M . *Suicidal Attempts among Older Adolescents：Prevalence and Co–occurrence with Psychiatric Disorders*［J］. Journal of the American Academy of Child & Adolescent Psychiatry，1992，31（4）：655–662.

［4］Ang R P，Huan V S . *Relationship between Academic Stress and Suicidal Ideation：Testing for Depression as a Mediator Using Multiple Regression*［J］. Child Psychiatry & Human Development，2006，37（2）：133–143.

［5］Archer S L . *Gender differences in identity development：issues of process，domain and timing*［J］. Journal of Adolescence，1989，12（2）：117–138.

［6］Bakermans–Kranenburg M J，Van I M H . *Differential susceptibility to rearing environment depending on dopamine–related genes：New evidence and a meta–analysis*［J］. Development and Psychopathology，2011，23（1）：39–52.

［7］Baron R M，& Kenny D A. *The moderator–mediator variable distinction in social psychological research*: *conceptual*, *strategic*, *and statistical considerations* [J] . Pers Soc Psychol, 1999, 51 (6) : 1173–1182.

[8] Baumeister T R . *Suicide as escape from self* [J] . Psychological Review, 1990, 97 (1) : 90–113.

[9] Beck, Aaron T . *Cognitive therapy*: *A 30–year retrospective* [J] . American Psychologist, 1991, 46 (4) : 368–375.

[10] Beck A T, Brown G K, Steer R A, et al. *Suicide ideation at its worst point*: *A predictor of eventual suicide in psychiatric outpatients* [J] . Suicide and Life–Threatening Behavior, 1999, 29 (1) : 1–9.

[11] Beevers C G . *Cognitive vulnerability to depression*: *A dual process model* [J] . Clinical Psychology Review, 2005, 25 (7) : 957–1002.

[12] Bennion L D, Adams G R . *A Revision of the Extended Version of the Objective Measure of Ego Identity Status*: *An Identity Instrument for Use with Late Adolescents* [J] . Journal of Adolescent Research, 1986, 1 (2) : 183–197.

[13] Belsky J. Differential susceptibility to rearing influence: An evolutionary hypothesis and some evidence. In B. Ellis and D.Bjorklund (Eds.) *Origins of the social mind*: *Evolutionary psychology and child development* [M] .New York: Guildford, 2005: 139–163.

[14] Belsky J. *Variation in Susceptibility to Environmental Influence*: *An Evolutionary Argument* [J] . Psychological Inquiry, 1997, 8 (3) : 182–186.

[15] Belsky J, Bakermans–Kranenburg M J, & Ijzendoorn M H. V. *For better and for worse* [J] . Current Directions in Psychological Science, 2007, 16 (6) : 300–304.

[16] Belsky J, Pluess M. *Beyond diathesis stress*: *Differential susceptibility to environmental influences*[J]. Psychological Bulletin, 2009, 135(6): 885–908.

[17] Bhugra, Thompson N, Dinesh. *Rates of deliberate self-harm in Asians: findings and models* [J] . International Review of Psychiatry, 2000, 12 (1) : 37–43.

[18] Birch S H, Ladd G W . *The teacher-child relationship and children´s early school adjustment* [J] . Journal of School Psychology, 1997, 34: 934–946.

[19] Bolger N, Zuckerman A . *A framework for studying personality in the stress process* [J] . Journal of Personality and Social Psychology, 1995, 69 (5) : 890–902.

[20] BrandtstäDter J, Greve W . *The Aging Self: Stabilizing and Protective Processes* [J] . Developmental Review, 1994, 14 (1) : 52–80.

[21] Bridge J A, Goldstein T R, Brent D A . *Adolescent suicide and suicidal behavior* [J] . Journal of Child Psychology and Psychiatry, 2006, 47 (3–4) : 23.

[22] Brown G K, Beck A T, Steer R A, et al. *Risk factors for suicide in psychiatric outpatients: A 20-year prospective study* [J] . Journal of Consulting and Clinical Psychology, 2000, 68 (3) : 371–377.

[23] Cassidy J, Asher S R . *Loneliness and Peer Relations in Young Children* [J] . Child Dev, 2010, 63 (2) : 350–365.

[24] Chen X. Family conditions, parental acceptance, and social competence and aggression in Chinese children[J]. Social Development, 1994, 3(3): 269–290.

[25] Chen X, Rubin K H, Li B S . *Depressed mood in Chinese children: Relations with school performance and family environment.* [J] . Journal of Consulting and Clinical Psychology, 1995, 63 (6) : 938–947.

[26] Cicchetti D, Rogosch F A, Toth S L . *Maternal depressive disorder and contextual risk: Contributions to the development of attachment*

insecurity and behavior problems in toddlerhood [J] . Development and Psychopathology, 1998, 10 (2) : 283–300.

[27] Cole D A . *Preliminary Support for a Competency–Based Model of Depression in Children* [J] . Journal of Abnormal Psychology, 1991, 100 (2) : 181.

[28] Contrada R J, leventhal H, O' Leary A. Personality and health. In L. A. Pervin (Eds.) , *HYndbook of personality: theory and research* [M] . New York: Guilford Press, 1990: 638–669.

[29] Cougle J R, Keough M E, Riccardi C J, et al. *Anxiety disorders and suicidality in the National Comorbidity Survey–Replication* [J] . Journal of Psychiatric Research, 2009, 43 (9) : 825–829.

[30] De Kloet E R, JoëLs M, Holsboer F . *Stress and the brain: from adaptation to disease* [J]. Nature Reviews Neuroscience, 2005, 6(6): 463–475.

[31] Deb S, Strodl E, & Sun J. *Academic stress, parental pressure, anxiety and mental health among Indian high school students* [J] . Acupuncture, 2015 (6) : 94 - 95.

[32] Dixon S K, Kurpius S E R . *Depression and College Stress Among University Undergraduates: Do Mattering and Self–Esteem Make a Difference?* [J]. Journal of College Student Development, 2008, 49(5): 412–424.

[33] Ellis B J, Boyce W T, Belsky J, et al. *Differential susceptibility to the environment: An evolutionary–neurodevelopmental theory* [J] . Development and Psychopathology, 2011, 23 (1) : 7–28.

[34] Enns M W, Cox B J, Borger S C. *Correlates of analogue and clinical depression: a further test of the phenomenological continuity hypothesis* [J] . Journal of Affective Disorders, 2001, 66 (2) : 175–183.

[35] Erikson E H. *Identity: youth and crisis* [M]. London: W. W. Norton & Company, 1994.

[36] Fauber R, Forehand R, Long N, et al. *The relationship of young adolescent Children´s Depression Inventory (CDI) scores to their social and cognitive functioning* [J]. Journal of Psychopathology & Behavioral Assessment, 1987, 9 (2): 161–172

[37] Feurer D P, Andrews J J W. *School–Related Stress and Depression in Adolescents With and Without Learning Disabilities: An Exploratory Study* [J]. Alberta Journal of Educational Research, 2009, 55 (1): 92–108.

[38] Geary D C. *Evolutionary Educational Psychology* [M]. New York: Springer US, 2012.

[39] Gloria A M, Ho T A. *Environmental, Social, and Psychological Experiences of Asian American Undergraduates: Examining Issues of Academic Persistence* [J]. Journal of Counseling & Development, 2003, 81 (1): 93–105.

[40] Green J D, Sedikides C. *Retrieval Selectivity in the Processing of Self–referent Information: Testing the Boundaries of Self–protection* [J]. Self and Identity, 2004, 3 (1): 69–80.

[41] Grotevant H D, Cooper C R. *Role of family experience in career exploration: a life–span perspective* [J]. Life–span development and behavior, 1988.

[42] Grotevant H D, Adams G R. *Development of an objective measure to assess ego identity in adolescence: Validation and replication* [J]. Journal of Youth & Adolescence, 1984, 13 (5): 419–438.

[43] Hankin B L. *Adolescent depression: Description, causes, and interventions* [J]. Epilepsy & Behavior, 2006, 8 (1): 102–114.

[44] Hayes, Andrew F. *Beyond Baron and Kenny: Statistical Mediation*

Analysis in the New Millennium [J] . Communication Monographs, 2009, 76 (4) : 408–420.

[45] Heim C . *The impact of early adverse experiences on brain systems involved in the pathophysiology of anxiety and affective disorders* [J] . Biological Psychiatry, 1999, 46 (11) : 1509–1522.

[46] Hershberg S G A, Carlson G A, Cantwell D P, et al. *Anxiety and depressive disorders in psychiatrically disturbed children* [J] . The Journal of Clinical Psychiatry, 1982, 43 (9) : 358–361.

[47] Hilsman R, Garber J . *A test of the cognitive diathesis–stress model of depression in children: Academic stressors, attributional style, perceived competence, and control* [J] . Journal of Personality and Social Psychology, 1995, 69 (2) : 370–380.

[48] Ingram R E . *Origins of Cognitive Vulnerability to Depression* [J] . Cognitive Therapy and Research, 2003, 27 (1) : 77–88.

[49] John O P, Angleitner A, Ostendorf F . *The lexical approach to personality: A historical review of trait taxonomic research* [J] . European Journal of Personality, 1988, 2 (3) : 171–203.

[50] Jones R M, Akers J F, White J M . *Revised classification criteria for the Extended Objective Measure of Ego Identity Status* (*EOMEIS*) [J] . Journal of Adolescence, 1994, 17 (6) : 533–549.

[51] Jones S R, Fernyhough C . *A New Look at the Neural Diathesis Stress Model of Schizophrenia: The Primacy of Social–Evaluative and Uncontrollable Situations* [J] . Schizophrenia bulletin, 2007, 33 (5) : 1171.

[52] Juon H S, Nam J J, Ensminger M E . *Epidemiology of suicidal behavior among Korean adolescents* [J] . Journal of Child Psychology & Psychiatry & Allied Disciplines, 2010, 35 (4) : 663–676.

[53] Kandel D B, Raveis V H, Davies M . *Suicidal ideation in adolescence:*

Depression, substance use, and other risk factors [J] . Journal of Youth and Adolescence, 1991, 20 (2) : 289–309.

[54] Kanwar A, Malik S, Prokop L J, et al. The association between anxiety disorders and suicidal behaviors: a systematic review and meta–analysis. Depression & Anxiety, 2013, 30 (10) : 917.

[55] Key M S, Edlund J E, Sagarin B J, et al. *Individual differences in susceptibility to mindlessness* [J] . Personality and Individual Differences, 2009, 46 (3) : 261–264.

[56] Khan A, Leventhal R M, Khan S, et al. *Suicide risk in patients with anxiety disorders: a meta–analysis of the FDA database* [J] . Journal of Affective Disorders, 2002, 68 (2–3) : 183–190.

[57] Kochenderfer B J, Ladd G W . *Peer victimization: Manifestations and relations to school adjustment in kindergarten* [J] . Journal of School Psychology, 1996, 34 (3) : 267–283.

[58] Kroger J. *Gender and Identity: The Intersection of Structure, Content, and Context* [J] . Sex Roles, 1997, 36 (11–12) : 747–770.

[59] Krug E G, Mercy J A, Dahlberg L L, et al. *The world report on violence and health* [J] . Lancet (North American Edition), 2002, 360 (9339) : 1083–1088.

[60] Price L J M . *Special Issue on Schools and Development || Predicting Children\"s Social and School Adjustment Following the Transition from Preschool to Kindergarten* [J] . Child Development, 1987, 58 (5) : 1168–1189.

[61] Ladd G W, Kochenderfer B J, Coleman C C . *Classroom Peer Acceptance, Friendship, and Victimization: Destinct Relation Systems That Contribute Uniquely to Children\"s School Adjustment?* [J]. 1997, 68 (6) : 1181–1197.

[62] Last C G, Perrin S, Hersen M, et al. *A Prospective Study of Childhood Anxiety Disorders* [J] . Journal of the American Academy of Child & Adolescent Psychiatry, 1996, 35 (11) : 1502–1510.

[63] Lazarus R S. *Emotion and adaption* [M] . Oxford: Oxford University Press, 1991.

[64] Leung G, Yeung K, Wong D. *Academic stressors and anxiety in children: The role of paternal support* [J] . Journal of Child & Family Studies, 2010, 19 (1) : 90–100.

[65] Li, Chen X, Bo–Shu. *Depressed mood in Chinese children: Development significance for social and school adjustment* [J] . International Journal of Behavioral Development, 2000, 24 (4) : 472–479.

[66] Low J M. *Differences in cognitive complexity of adolescents with foreclosed and achieved identity status* [J] . Psychological Reports, 1999, 85 (3) : 1093–1099.

[67] Mackinnon D P . *Introduction to Statistical Mediation Analysis* [M] . New York: McGraw–Hill, 2008.

[68] Mackinnon D P, Lockwood C M, Hoffman J M, et al. *A comparison of methods to test mediation and other intervening variable effects.* [J] . Psychological Methods, 2002, 7 (1) : 83–104.

[69] Maccallum R C, Browne M W, Sugawara H M . *Poweranalysis and determination of sample size for covariance structure modeling* [J] . Psychological Methods, 1996, 1 (2) : 130–149.

[70] Makros J, Mccabe M P . *Relationships Between Identity and Self–Representations During Adolescence* [J] . Journal of Youth and Adolescence, 2001, 30 (5) : 623–639.

[71] Marcia J E . *Development and validation of ego–identity status* [J] . Journal of Personality and Social Psychology, 1966, 3 (5) : 551–558.

[72] Marcia, J E., Waterman A S, Matteson D R, Archer S L, Orlofsky, A J L. *Ego identity: A handbook for psychosocial research* [M] .New York: Springer, 1993.

[73]Mccrae R R, Jr C P . *Personality trait structure as a human universal*[J]. American Psychologist, 1997, 52 (5) : 509.

[74] Monroe S M, Simons A D . *Diathesis–stress theories in the context of life stress research: Implications for the depressive disorders* [J] . Psychological Bulletin, 1991, 110 (3) : 406–425.

[75] Paris J. *A diathesis–stress model of personality disorders* [J] . Psychiatric Annals, 1999, 29 (12) : 692–697.

[76] Pianta R C . *Patterns of relationships between children and kindergarten teachers* [J] . Journal of School Psychology, 1994, 32 (1) : 15–31.

[77] Preacher K J, Hayes A F . *SPSS and SAS procedures for estimating indirect effects in simple mediation models* [J] . Behavior Research Methods, Instruments, & Computers, 2004, 36 (4) : 717–731.

[78] Renouf A G, Harter S . *Low Self–Worth and Anger as Components of the Depressive Experience in Young Adolescents* [J] . Development and Psychopathology, 1990, 2 (3) : 293–310.

[79] Rice, P. L. *Stress and health* (*2nd ed.*) [M] . Belmont: Thomson Brooks/Cole Publishing Co, 1992.

[80] Roberts R . *Assessment of depression in adolescents using the center for epidemiologic studies depression scale*[J]. Psychol Assess, 1990, 2(2): 122–128.

[81] Rosenthal D. A. *The Genain Quadruplets: A Case Study and Theoretical Analysis of Heredity and Environment in Schizophrenia* [M] . New York: Basic Books, 1963.

[82] Seligman M E, Maier S F. *Failure to escape traumatic shock.* [J] . J Exp Psychol, 1967, 74 (1) : 1–9.

[83] Selye H. The evolution of the stress concept. *Stress and cardiovascular disease* [M] // The work of the International labor organization. National industrial conference board, inc. 1970, 26（3）: 289–299.

[84] Smith E R, Coster d J M. *Dual–Process Models in Social and Cognitive Psychology: Conceptual Integration and Links to Underlying Memory Systems* [J] . Personality and Social Psychology Review, 2000, 4（2）: 108–131.

[85] Sobel M E . *Asymptotic Confidence Intervals for Indirect Effects in Structural Equation Models* [J] . Sociological Methodology, 1982, 13: 290–312.

[86] Sterling, H, A. *Research in Review: Stress and Coping in Children* [J] . Young Children, 1986（4）: 50–63.

[87] Sumowski J F, Leavitt V M, Rocca M A, et al. *Mesial temporal lobe and subcortical grey matter volumes differentially predict memory across stages of multiple sclerosis* [J] . Multiple Sclerosis Journal, 2017: 135245851770887.

[88] Taylor S E. *Adjustment to threatening events: A theory of cognitive adaptation* [J] . American Psychologist, 1983, 38（11）: 1161–1173.

[89] Ung E K . *Youth suicide and para–suicide in Singapore* [J] . Annals of the Academy of Medicine, Singapore, 2003, 32（1）: 12–18.

[90] Velting D M . *Suicidal ideation and the five–factor model of personality* [J] . Personality & Individual Differences, 1999, 27（5）: 943–952.

[91] Walsh E, Eggert L L . *Suicide risk and protective factors among youth experiencing school difficulties* [J] . International Journal of Mental Health Nursing, 2007, 16（5）: 349–359.

[92] Waterman A S. *Overview of the Identity Status Scoring Criteria* [J] .

New York：Springer，1993.

[93] Zhao X，Lynch J G，Chen Q. *Reconsidering baron and kenny：myth and truth about mediation* [J] .2010，37（2）：197-206.